新装版
日本人のしきたり

正月行事、豆まき、大安吉日、厄年…に込められた知恵と心

飯倉晴武［編著］

青春新書
INTELLIGENCE

はじめに

戦後、驚異的な復興をとげ、世界に冠たる経済大国となった日本。その過程で日本人は、あらゆる便利なモノを生みだし、ひたすら生活の快適性を追い求めてきました。しかし、その一方で、それまで大切に育み、受け継いできたさまざまな伝統を置き去りにしてしまった面があるのも、また事実でしょう。

そもそも日本は、農耕を主たる生業《なりわい》とし、四季の自然にも恵まれていたため、季節の移り変わりを非常に大切にしてきました。一年のうちにいくつものハレの日を置き、日々の生活に変化と潤いを与えてきたのです。そして、自然そのものに感謝をし、自然とともに生きる自分たちの生活の安泰を願ってもきました。

さらに、人生の節目節目にも、さまざまな行事を執り行ってきました。誕生・成人・長寿など、それぞれの成長過程を祝いつつ、自分たちの祖先に深く感謝し、代々の繁栄を祈ってきたのです。

そのような歴史から生まれた年中行事やしきたりは、日本人が長い歴史のなかで培《つちか》ってきた、まさに生活の知恵であり、豊かな人生観の表れでもあったのです。

現在、伝統行事の多くが忘れられつつありますが、いまだに私たちの生活に息づいているものも少なくありません。

例えば、ふだんは日々の生活に忙殺され、伝統とは無縁でいても、正月には鏡餅を供えて、神仏に一年の幸福を祈ったりしています。また、厄年《やくどし》には社寺に出向いてお祓《はら》いを受けたり、大安・仏滅の暦注《れきちゅう》にしたがって、結婚式や葬式の日取りを決めたりすることもあります。

本書では、このような年中行事、しきたりを紹介するとともに、その歴史的な由来を探ってみました。いまやさまざまな伝統行事が忘れられ、また、形骸化していくなかで、もう一度それらの原点に触れてみることは、日本人の豊かな人生観を再発見するきっかけになるはずです。

なお、本書を出版するにあたって、畏友・菅野尚《かんのたかし》氏に大変お世話になりました。記して謝意を表したいと思います。

新装版にあたって

日本に伝わるしきたりやその由来が変わることはありませんが、幅広い年代の方に手に取っていただきたいと考え、より読みやすく、伝わりやすくなるようにと多少の改訂をしました。

しきたりの原点を知り、現在の生活に取り入れ、残していくことで、日常が日本人らしい奥行きの深いものになっていくことを願っています。

そして、しきたりに込められた日本人の知恵と心が、これからもずっと受け継がれていくことにつながれば、こんなに幸せなことはありません。

飯倉晴武

目次

第一章　正月行事のしきたり

第二章　年中行事のしきたり

第三章 結婚のしきたり

第四章 懐妊・出産のしきたり

第五章 祝い事のしきたり

第六章　贈答のしきたり

第七章　手紙のしきたり

第八章　葬式のしきたり

―第九章― 縁起のしきたり

※「しきたり」は時代、地域、家風などにより、異なる伝統や言い伝え、解釈があります。

構成協力／菅野 尚
編集協力／佐藤雅美、出雲安見子
本文デザイン・DTP／本橋雅文（orangebird）

序章

日本人の自然観と信仰

電気や天気予報などなかった時代、
人々は日常生活や季節の移り変わりの目安を
自然のなかから読み取っていました。
明治以前の日本人が使っていた旧暦も、
月の満ち欠けを基準にさまざまな自然の営みを加味し、
より生活に密着した形で作られたものです。
さらに、農耕が主たる生活手段であったこともあり、
日本人は自然現象や山川草木《さんせんそうもく》など、
あらゆるものに神を見いだしてきました。
自然万物を神として敬《うやま》うことで、農作物の豊穣《ほうじょう》を祈り、
農作業をともに行う共同体の結束をはかってもきたのです。
そんな時間や自然、信仰に対する独自の感性が、
日本の伝統的なしきたり、年中行事の根底に息づいています。

旧暦
月の運行による太陰暦に太陽暦を加えた暦

日常生活を送るうえで、暦《こよみ》は欠かすことができません。どの家にも壁にはカレンダーがかけられており、持ち歩く手帳にも必ずといっていいほど、暦が記載されています。当然、昔の日本人も、暦を日常生活の目安としていました。

現在、私たちは地球の公転にもとづく新暦（太陽暦／グレゴリオ暦）を使用していますが、かつては古代中国から伝わった旧暦を用いていました。旧暦の基本は、月の満ち欠けをひと月とする太陰暦《たいいんれき》でした。ちなみに旧暦では、毎月必ず、新月がその月の一日で、十五日が満月に当たるようになっています。

しかし、月の満ち欠けの周期は約二十九日ですから、地球の公転による季節の変化とはズレが生じ、農作業をするうえで不便が生じます。

そこでこのズレを埋めるために、太陽の一回帰年を二十四等分した「二十四節気《にじゅうしせっき》」と呼ばれる季節の区分が加えられるようになりました。さらには、「雑節《ざっせつ》」という区分も取り入れられています。

つまり旧暦とは、太陰暦を基本に、太陽暦の要素も取り入れた「太陰太陽暦」なのです。

この旧暦は、明治五年に改暦され、翌年から世界共通の暦法である新暦が施行されました。しかし、旧暦では、立春を新年としていたため、現在の暦とは約一か月のズレが生じており、従来の季節感からいえば、まだ十二月なのに正月行事をしなければならないなど、とくに年中行事に矛盾が生じました。

そこで、季節感に合わせるために、旧暦で七月十五日であったお盆の行事を、ひと月遅れの新暦の八月十五日にするなどして調整しましたが、いまなお日程などで新暦、旧暦が混然としている行事も少なくありません。

二十四節気……一年を二十四等分した季節を知る目安

われわれは寒い冬から春を迎えてホッとしたり、暑い夏にひと雨ほしくなったりするなど、日ごろの生活は春夏秋冬の季節の影響を大きく受けています。

日本では、国民の祝日となっている春分と秋分、さらに夏至と冬至のほかにも、立春、立秋、大寒などの季節を表す言葉がしばしば使われていますが、これらはすべて「二十四《にじゅうし》節気《せっき》」にもとづいています。

二十四節気は中国の戦国時代（前四〇三〜二二一年）に考案されました。太陰暦による季節のズレを正し、春夏秋冬の季節を正しく示すため、一年を十二の「節気《せっき》」と十二の「中気《ちゅうき》」に分類してあわせて二十四節気とし、それらに時節を表す名前がつけられたのです。ひとつの節気と中気はそれぞれ約十五日間で、交互にくるため、ひと月に節気と中気があります。期間ではなく、特定の一日を指すこともあります。その名称には、立春、雨《う》水《すい》、啓蟄《けいちつ》といったものがあり、啓蟄でいえば「冬眠していた虫が、地上に出てくるころ」といった意味で、その時節を表すものとなっています。そのため、「啓蟄の候」というように、二十四節気の名称は、手紙の時候のあいさつにもよく用いられてきました。

この二十四節気は、日本では江戸時代の暦から採用されましたが、もとは中国の気候にもとづいて考えられたものなので、日本の気候と合わない名称や時期もあります。そこで、それを補うため、二十四節気のほかに、節分、八十八夜、入梅《にゅうばい》、半夏生《はんげしょう》、二百十日《にひゃくとおか》、年に二回の彼岸《ひがん》、年に四回の土用《どよう》など、「雑節《ざっせつ》」と呼ばれる季節の区分けを取り入れました。これが、日本の旧暦です。

秋

		意味
立秋《りっしゅう》(七月節)	8月7日～21日ごろ	朝晩が涼しくなり、秋が始まるころ。
処暑《しょしょ》(七月中)	8月22日～9月6日ごろ	暑さがとどまり、虫の音が聞こえてくるころ。
白露《はくろ》(八月節)	9月7日～21日ごろ	朝晩の寒暖差が大きくなり、野草に露が宿るころ。
秋分《しゅうぶん》(八月中)	9月22日～10月7日ごろ	秋の彼岸の中日から始まり、昼と夜の長さがほぼ等しくなるころ。
寒露《かんろ》(九月節)	10月8日～22日ごろ	朝晩の冷え込みで、草木に冷たい露が宿るころ。
霜降《そうこう》(九月中)	10月23日～11月6日ごろ	初霜が降り始め、寒さが増す晩秋のころ。

冬

立冬《りっとう》(十月節)	11月7日～21日ごろ	木枯らしが吹き始める、暦の上での冬の始まり。
小雪《しょうせつ》(十月中)	11月22日～12月6日ごろ	初雪の便りが届き始める、冬本番が迫るころ。
大雪《たいせつ》(十一月節)	12月7日～20日ごろ	本格的に雪が降り出す、真冬の時期。
冬至《とうじ》(十一月中)	12月21日～1月5日ごろ	一年で最も昼が短く、夜が長くなるころ。
小寒《しょうかん》(十二月節)	1月6日～19日ごろ	この日から寒の入りの、寒風や降雪が激しくなるころ。
大寒《だいかん》(十二月中)	1月20日～2月3日ごろ	一年のうちで寒さが最も極まる時期。

入梅《にゅうばい》	立春から135日目(6月10日、11日ごろ)
半夏生《はんげしょう》	立夏から11日目(7月1日、2日ごろ)
二百十日《にひゃくとおか》	立春から210日目(8月31日、9月1日ごろ)
二百二十日《にひゃくはつか》	立春から220日目(9月10日、11日ごろ)

※二十四節気、雑節は、年によって数日のズレが生じます。

【二十四節気】

	名称	新暦の目安	意味
春	立春《りっしゅん》（正月節）	2月4日〜18日ごろ	節分の翌日で、暦の上での春の始まり。
	雨水《うすい》（正月中）	2月19日〜3月4日ごろ	ちらつく雪が雨に変わり、氷が溶けて水に変わるころ。
	啓蟄《けいちつ》（二月節）	3月5日〜19日ごろ	冬眠中の虫（蟄）が地上に這い出す（啓＝開く）ころ。
	春分《しゅんぶん》（二月中）	3月20日〜4月3日ごろ	春の彼岸の中日から始まり、昼と夜の長さがほぼ等しくなるころ。
	清明《せいめい》（三月節）	4月4日〜18日ごろ	万物が清らかな気に満ちて、明るく輝き出すころ。
	穀雨《こくう》（三月中）	4月19日〜5月4日ごろ	暖かな春雨が降り、穀物の成長を助けるころ。
夏	立夏《りっか》（四月節）	5月5日〜19日ごろ	春分と夏至の真ん中に当たり、暦の上での夏の始まり。
	小満《しょうまん》（四月中）	5月20日〜6月4日ごろ	あらゆる生命の気が満ちて、すくすくと育つ時期。
	芒種《ぼうしゅ》（五月節）	6月5日〜20日ごろ	稲や麦など、芒《のぎ》（穀類の穂先の硬い毛）のある穀物の種をまくころ。
	夏至《げし》（五月中）	6月21日〜7月5日ごろ	一年で最も昼が長く、夜が短くなるころ。
	小暑《しょうしょ》（六月節）	7月6日〜21日ごろ	梅雨が明け、本格的な暑さが始まるころ。
	大暑《たいしょ》（六月中）	7月22日〜8月6日ごろ	夏真っ盛りで、暑さが極みに達するころ。

【雑節】

名称	新暦の目安
節分《せつぶん》	立春の前日（2月2日、3日ごろ）
彼岸《ひがん》	春分、秋分の日を中日とした7日間
土用《どよう》	立春、立夏、立秋、立冬の前の約18日間
社日《しゃにち》	春分と秋分にもっとも近い戊の日
八十八夜《はちじゅうはちや》	立春から88日目（5月1日、2日ごろ）

干支

なぜ、時刻や方位にも使われたのか

干支《えと》というと、日本人は子《ね》、丑《うし》、寅《とら》、卯《う》、辰《たつ》、巳《み》、午《うま》、未《ひつじ》、申《さる》、酉《とり》、戌《いぬ》、亥《い》の十二支《じゅうにし》をまず思い浮かべますが、これに十干《じっかん》である甲《きのえ》、乙《きのと》、丙《ひのえ》、丁《ひのと》、戊《つちのえ》、己《つちのと》、庚《かのえ》、辛《かのと》、壬《みずのえ》、癸《みずのと》を組み合わせたものが、干支（十干十二支）です。

かつての日本では、十干と十二支を用いて、生まれ年から時刻、方位など、さまざまな事象を表してきました。

現在でも残る還暦のお祝いは、この十干と十二支の六十の組み合わせで年を表した名残で、満六十歳で、ちょうど生まれ年の干支にもどることを祝うものです。

そもそもの起源は古代中国にさかのぼり、干支の組み合わせで、年月日を表していました。やがて十二支は、十二分割できる便利さから、時刻や方位を表す単位にも使われるようになったといいます。

例えば、子《ね》の刻は現在の午後十一時から午前一時の間の二時間とし、一日二十四時間を十二支で分割していきます。怪談などでよく使われる「草木も眠る丑三《うしみ》つ時」は、現在の

【干支と時刻・方位】

【時刻】

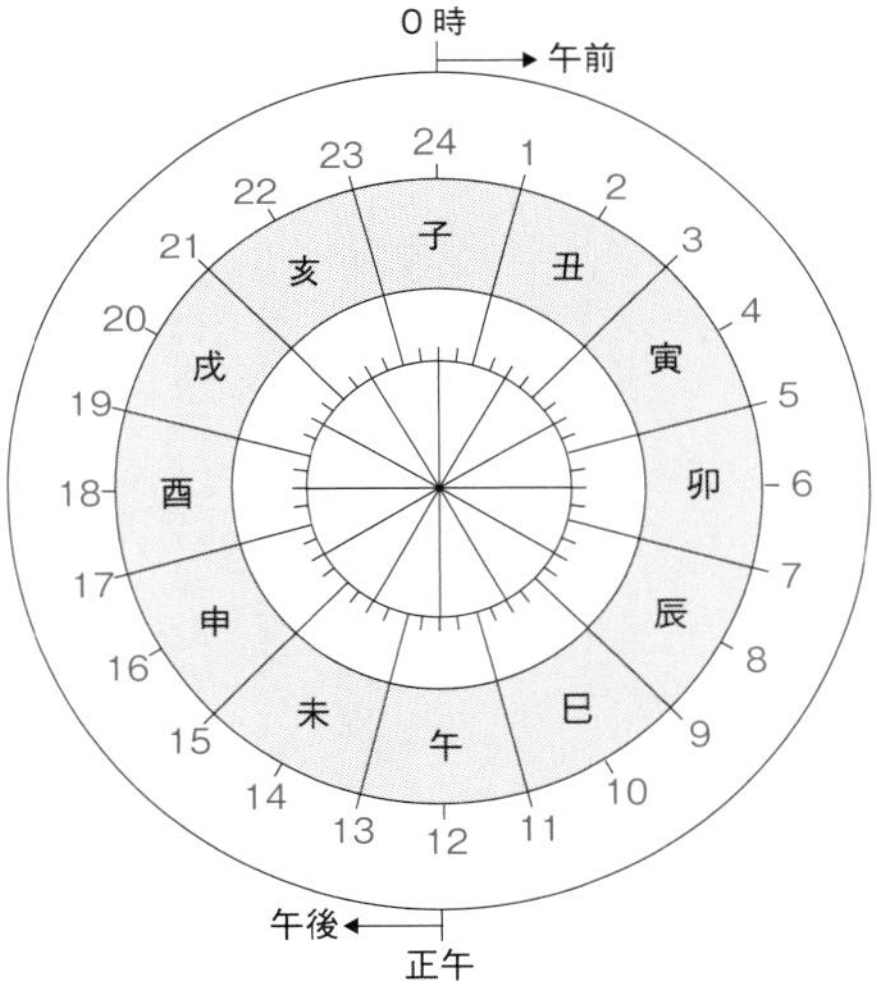

【方位】

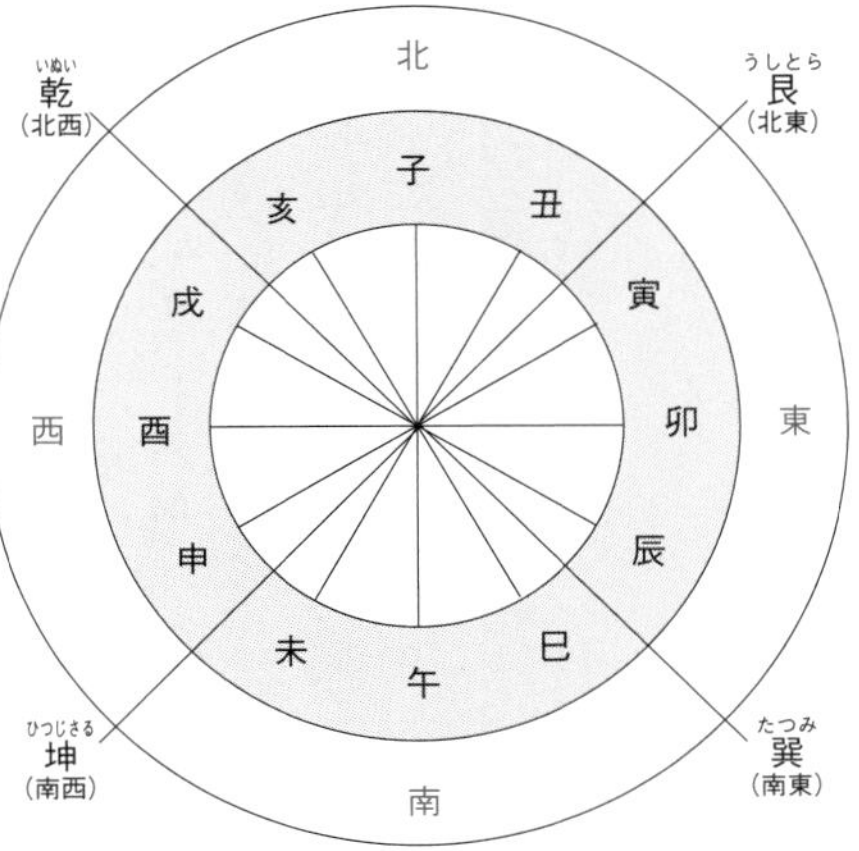

午前二時半ごろに当たります。また、午《うま》の刻は現在の午前十一時から午後一時に当たるため、その中間である昼の12時を「正午」といいました。

方位では、真北の方角を子として、十二支を順に配しました。これでいくと、東は卯《う》、南は午、西は酉《とり》になり、北極と南極を結ぶ線を子午線というのは、ここから来ています。

干支の考え方が日本に伝わったのは、初めて日本に年号が設定される前の六、七世紀ごろ。しばらく、年号と干支が併用される時代が続いたということです。

やがて干支は平安時代、陰陽《いんよう》五行説《ごぎょうせつ》と結びついて、呪術《じゅじゅつ》的な要素も含むようになり、吉凶の占いにも用いられはじめました。「艮《うしとら》（丑寅）に当たる方角（北東）は鬼門である」といった信仰は、そうした流れから生まれています。また、現在も各地に残る甲子園や庚《こう》申塚《しんづか》などの地名は、この干支に由来してつけられています。

八百万の神……………自然万物に神様が宿った理由

日本人はキリスト教やイスラム教のように唯一絶対の神ではなく、自然万物のあらゆるものに神を見いだしてきました。

俗に八百万《やおよろず》の神というように、太陽、月、星、風、雷といった神もいれば、土地、田、山、川、石などに、また、家の台所、かまど、便所などにも神がおり、さらには馬、犬などの動物、松、竹などの植物にも神が宿るといいます。このように、多くの神々があまねく存在する点に日本の特色があります。

「八百万」とは非常に数が多いことの形容ですが、この言葉はすでに日本最古の歴史書である『古事記』（上巻）のなかに見られます。天照大神《あまてらすおおみかみ》が、弟のスサノオノミコトのあまりの乱暴さに腹を立てて天の岩戸に隠れてしまったので、困った神々が「八百万の神、天《あま》の安《やす》の河原に神集《かむつど》ひ集《つど》ひて……」という記述がそれです。

そもそも太古の日本では、あらゆる自然物に霊魂を認め、それを畏怖《いふ》し、崇拝するアニミズムと呼ばれる原始信仰が生まれます。やがて、卑弥呼《ひみこ》に代表される巫女《みこ》などが、神のご託宣《たくせん》を受けて物事を決めるシャーマニズムに発展していきました。

一方で、狩猟採集生活をしていた日本人も、米の伝来にともなって農耕生活へと変わっていきます。農耕生活はとりわけ、人間の力の及ばない自然現象に大きく左右されます。天候不順や自然災害による不作はまさに死活問題で、それらを神の怒りと考えたのも無理のないことでした。そこから、あらゆる自然の営みに神を見いだし、崇《あが》める傾向がさらに強まっていったと思われます。

また、農耕社会で定住生活が始まると、土地に対する信仰も強まっていきます。自分たちが生まれた土地を守ってくれる神を「産土神《うぶすながみ》」と崇め、産土神を祀《まつ》る社《やしろ》を作るようになっていきました。さらに古来の祖霊信仰も合わさって、日本ならではの神々への信仰が根づいていったと考えられます。

ちなみに、いまでも全国には八万とも十万ともいわれる神社があります。なかでも伊勢神宮と出雲大社は別格とされており、とくに毎年十月になると全国各地の神々が出雲大社に集まることから、十月を「神無月《かんなづき》」（各地に神がいなくなる月）と呼び、逆に出雲地方では「神在月《かみありづき》」と呼ばれることが知られています。

神と仏……両者を融合させた知恵

現在の日本には神道と仏教が共存していて、結婚などの慶事のときは神式で、葬式など弔事のときは仏式でというように、自然に両者の使い分けができています。

もともと神道は、太古から日本固有の神への信仰に由来するのに対して、仏教は大陸から伝来した宗教です。また、神道は神話に登場してくる神々のように、地縁・血縁などで結ばれた共同体を守ることを目的としているのに対して、仏教はおもに個人の安心立命や魂の救済、国家鎮護《ちんご》を求める点で根本的に違っています。

仏教は西暦五三八年、日本に伝来したといわれます。その後、豪族たちを中心に少しずつ日本に広まり、聖徳太子以降、国家に守られる形で急速に浸透していきます。

しかし、そんななかでも、日本古来の神への信仰は廃れることなく、仏教と共存していったのです。むしろ奈良時代以降、神仏は本来同じものであるとする「神仏習合《しんぶつしゅうごう》」や、神は仏が仮に形を変えてこの世に現れたものとする「本地垂迹説《ほんじすいじゃくせつ》」など、両者の融合をはかる思想が生まれていきます。

さらに平安時代には、それまで国家鎮護が主だった仏教が、しだいに庶民にも根づき、神も仏も尊ぶという、日本ならではの信仰が形成されていきました。

明治政府の神仏分離令で、この神仏混淆《こんこう》の思想は禁止されますが、いまなお神への信仰と仏教が融合した習俗は多く残っています。

例えば、お彼岸やお盆はもともとは仏教の行事ですが、そこに日本古来の祖先神への信仰が結びつき、お墓参りといった先祖を供養する習慣が生まれました。

氏神と鎮守

もっとも身近な神様たちの由来

いまも昔も、人間は困ったことや追い詰められた状態になると、神に助けを求めたりします。とくに地縁や血縁が大事にされた時代は、一番身近にいるその土地の神様に願いを託しました。それが氏神《うじがみ》であり、鎮守《ちんじゅ》の神でした。

そもそも氏神は、その地域の豪族である氏《うじ》一族の祖先を祀った守護神でしたが、平安時代以降、一般庶民にも浸透していき、広くその地域を守る神様となって崇められるようになりました。

現在でも行われている子どものお宮参りは、本来はこの氏神にお参りして、その土地の一員になることを認めてもらう儀式だったのです。

やがて平安時代以降、武家社会が形成されると、氏族社会が崩壊して、氏神信仰も薄らぎます。それに代わり、貴族や社寺の私的な領地である荘園制度が確立されていきました。

そこで新たに荘園領主たちは、荘園を鎮護してもらう目的で、その土地の守護神を祀るようになります。これが鎮守と呼ばれるものです。そして、それまでの氏神でも、鎮守の神を祀るようになりました。

　その後、江戸時代にはふたたび氏神信仰がさかんになります。こうした変遷を繰り返すなかで、両者は地域を守る神として、庶民の間にも根づいていきました。

ハレとケ……ふだんの日と特別の日を使い分けたワケ

　昔から日本人は、ふだんどおりの生活を送る日を「ケ（褻）」の日と呼びました。これに対して、神社の祭礼やお寺の法会《ほうえ》、正月や節句、お盆などの年中行事、冠婚葬祭を行う日を「ハレ（晴れ）」の日として、単調になりがちな生活に変化とケジメをつけていました。

「ハレ」のときは、日常から抜けだして、特別な一日を過ごします。ハレの日用の着物を着たり、神聖な食べ物である赤飯や餅を食べたり、お酒を飲んで祝ったりして、特別な日であることを示しました。

　一方、「ケ」はふだんどおりの生活を送る日ですが、「ケ」の生活が順調にいかなくなることを「気枯れ」、つまり「ケガレ」になるとし、とくに死や病、出産などはケガレと考えてきました。

日本では神話期からケガレを忌《い》み嫌い、神に近づくのにふさわしい体になるために禊《みそ》ぎをし、身のケガレを取り除いて清め、お祓《はら》いをしたりしました。

そして、このケガレを取り除いた状態が「ハレ」だったのです。

いまでは、「ハレ」「ケ」という考え方は一般的ではなくなりましたが、ハレの日に着るという意味で「晴れ着」や「晴れ姿」「晴れ舞台」などの言葉が残っています。

第一章

正月行事のしきたり

〝一年の計は元旦にあり〟というように、
一年の節目として、日本人は正月をことのほか大切にしてきました。
正月には年神様という新年の神様が各家庭に降りてくると考えられ、
その年の幸運を授けてもらうために、
さまざまな習慣が定着しました。
現在、多くの伝統的な習慣が忘れられていくなかで、
初詣《はつもうで》や雑煮を食べる習慣など、
正月行事は、いまだに多くの日本人が大切に守りつづけています。

初日の出

年神様に一年の幸運を願う

その年の最初に昇ってくる太陽を拝み、一年の幸運を祈るために、いまでも多くの人々が、宵のうちから家を出て、見晴らしのよい場所に出かけて行きます。

これはかつて、初日の出とともに「年神様《としがみさま》」が現れると信じられていたことに由来します。年神様は新年の神様であり、「正月様」「歳徳神《としとくじん》」ともいって、年の初めに一年の幸せをもたらすために、降臨《こうりん》してくると考えられていました。

初日の出を拝む場所は、眺めのよい山、海岸などさまざまです。とくに高い山頂での日の出は、近くの雲に映った自分の影が、まるで光の輪を背にした仏の像のように見えることから、仏の「ご来迎《らいごう》」との語呂合わせで、「ご来光《らいこう》」と呼ばれるようになりました。

ちなみに、初日の出を拝む習慣は昔からあったわけではなく、明治以降さかんになったといわれます。それ以前の元旦には、年神様を迎えるために家族で過ごし、「四方拝《しほうはい》」といって東西南北を拝んでいました。

初詣

本来は、氏神様にお参りするものだった

年の初めにお参りすると「めでたさ」が倍加するということで、新年を迎えると各地の神社・仏閣は、初詣をする人で大賑わいとなります。大晦日の除夜の鐘を聞きながら家を出て、元旦にお参りをすませて帰ることを「二年参り」といいます。

ちなみに、昔は一年のケジメとして、一家の家長は、大晦日の夜から神社に出かけて、寝ないで新年を迎えるのが習わしでした。そのころ、家族は自分たちが住んでいる地域の氏神を祀っている神社にお参りしていました。

やがて、伊勢神宮や出雲大社などの有名な神社に出かけたり、その年の干支《えと》によって年神様のいる方角、つまり恵方《えほう》が縁起いいということで、恵方に当たる社寺に出かけて初詣をする「恵方参り」がさかんになりました。

現在では、この恵方参りの習慣はなくなり、明治神宮、成田山新勝寺、川崎大師、住吉大社など、各地の有名社寺に出かけてお参りすることが多くなっています。

門松

神が宿る木を門前に立てる

正月になると、多くの家で玄関前や門前に「門松《かどまつ》」を立てています。左右に一対並べるのが一般的で、玄関に向かって左側の門松を「雄松《おまつ》」、右側を「雌松《めまつ》」と呼びます。

もともとは新年を迎える際に、年神様が降りてくるときの目印として、杉などの木を立てたのが始まりでした。

とくに松が飾られるようになったのは平安時代からです。これは松が古くから神の宿る木と考えられていたためで、この時代の末期には、農村でも正月に松を飾るようになったといわれます。さらにここに、まっすぐに節《ふし》を伸ばす竹が、長寿を招く縁起ものとして添えられるようになりました。

現在のように、玄関前や門前の左右に一対立てるようになったのは、江戸時代ごろからです。

門松を立てておく期間は、一般的には七日までの松の内の間ですが、地域によっては五日、十日、十五日とまちまちです。

ちなみに、この門松は十二月二十八日ごろに立てるのがよく、二十九日に立てるのは「苦《く》立《た》て」、三十一日ギリギリに立てるのは「一夜飾り」といって、いずれも嫌います。

しめ飾り……………家のなかを、神を迎える神聖な場所に

正月近くになると、玄関口や家の神棚などに「しめ飾り」をします。これも門松と同様、正月に年神様を迎えるための準備です。

もともとは、神社がしめ縄を張りめぐらせるのと同じ理由で、自分の家が年神様を迎えるにふさわしい神聖な場所であることを示すために、家のなかにしめ縄を張ったのが始まりでした。

かつては、「年男」と呼ばれる家長が、しめ縄を家のなかに張る役目を担いましたが、やがて、そのしめ縄が簡略化されていき、現在のようなしめ飾りや輪飾りになっていきました。

しめ飾りは、しめ縄にウラジロ、ユズリハ、ダイダイなどをあしらって作られます。ウラジロは、常緑の葉であることから長寿を、ユズリハは新しい葉が出てきて初めて古い

葉が落ちることから、次世代に家系を「譲って絶やさぬ」という願いが込められています。ダイダイは家が代々栄えるといったことから、縁起物として正月飾りに使われるようになりました。

年男
もともとは、正月行事を取り仕切る男のこと

現在、正月を中心とした行事の主役を務める「年男《としおとこ》」のような存在は見当たりませんが、かつては正月に限って、一家の行事すべてを年男が取り仕切りました。

室町幕府や江戸幕府では、古い儀礼に通じた人が年男に任じられましたが、一般の家では、主として家長がその任に当たり、しだいに長男や奉公人、若い男性が当たるようになっていきました。

年男の役目には、正月が近づいた暮れの大掃除をはじめ、正月の飾りつけや元旦の水汲み、年神様への供え物、おせち料理作りなどがあり、とにかく年男にとって正月は、猛烈に忙しい期間でした。

いまでは年男といえば、その年の干支に当たる人をいいますが、本来は正月行事全般を

取り仕切る人のことを指していたのです。

若水……元日最初の水汲みで一年の邪気を払う

元日の早朝に、最初に汲む水を「若水《わかみず》」といいます。平安時代の宮中では、立春の日（当時の正月元日）の重要な行事であり、やがて元旦の行事として庶民の間にも広まっていきました。

年頭に当たって若水を汲むことを「若水迎え」といって、できるだけ遠くに汲みに行くほど吉とされ、水を汲む途中で他人に出会っても、話をするのは厳禁とされました。

なぜ、これほどまでに「水」にこだわったかというと、年神様に供えたり、雑煮を作るのに使ったほか、この若水を飲めば、一年の邪気を払うことができると信じられていたからです。

鏡餅

なぜ丸餅を二つ重ねるのか

正月に餅を食べる習わしは、中国で元旦に硬い飴《あめ》を食べる習慣にあやかって、宮中で「歯固め」の儀式として始まったことに由来するといいます。

そもそも日本では、餅はハレの日に神様に捧げる神聖な食べ物と考えられていました。そこで室町時代以降、正月に年神様に供える目的で、床の間に「鏡《かがみ》餅《もち》」を飾る習慣が定着していきました。

【鏡餅】

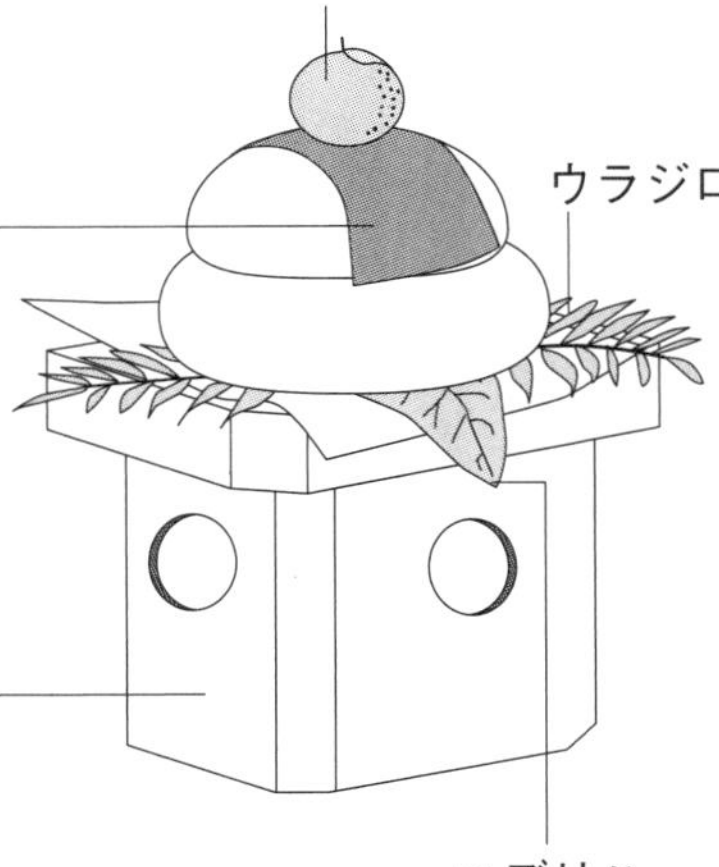

※地域によって、さまざまなお供えの仕方があります。

鏡餅は、半紙を敷いた三方《さんぼう》（三方の側面に透かしのある四角形の台）に、大小二つの丸餅を重ねてのせ、ダイダイ、昆布、ウラジロ、ユズリハなどを添えるのが一般的です。ダイダイ、ユズリハは、しめ飾りと同様の理由で用いられ、昆布には「子生」「子生婦」という字を当てることもあることから、子孫繁栄の願いが込められています。

ウラジロはシダの一種で、白い葉の裏を見せるように裏返して飾ります。その白さが「裏を返しても心は白い」という潔白と、「夫婦共白髪《ふうふともしらが》」という長寿のしるしであり、二葉が相対していることから、夫婦和合の象徴ともされています。

鏡餅といわれる理由は、昔の鏡が円形だったためで、その鏡は人の魂（心臓）を表す神器であり、そこから丸餅になったようです。また、大小二つを重ねあわせるのは、月（陰）と日（陽）を表していて、福徳が重なって縁起がいいと考えられたからともいいます。

この鏡餅用に、多くの家では年末になると餅つきをしました。ただし、十二月三十一日の大晦日につくのを「一夜餅《ひとよもち》」、また十二月二十九日につくのを「苦餅《くもち》」といって、これらの日につくのを嫌いました。

正月中は一月十一日の鏡開きまで、家の床の間などに大きな鏡餅を飾り、各部屋に小さな鏡餅を飾ったりします。

おとそ

薬草を合わせて作る不老長寿の薬酒

元旦に、家族一同が顔をそろえて新年のあいさつをすませてから、盃《さかずき》を回して「おとそ」を飲む習わしがあります。

おとそは、お神酒《みき》と同じで日本酒と思われがちですが、もともとは中国の唐代から飲まれるようになった薬酒の一種です。

「お屠蘇《とそ》」と書き、屠蘇には「悪鬼を屠《ほふ》り、死者を蘇《よみがえ》らせる」という意味があります。中国では、数種の薬草を組み合わせた屠蘇散《とそさん》を大晦日に井戸の中につるし、元旦になって引き上げ、酒に浸して作りました。そして「邪気を払い、不老長寿になれる」薬酒として、新年になると年少者から順番に飲んだということです。

日本には平安時代に伝わって、宮中の元旦の儀式として取り入れられ、やがて庶民の間でも正月の朝におとそとして飲むようになりました。

現在では、正月に本物のおとそを飲む家庭は少なくなりましたが、それでも年末になると、薬局などで薬酒として売られています。

おせち料理……………もとは正月料理ではなかった

　ふだんは洋食を食べることが多い人でも、正月三が日くらいは、「おせち料理」に箸をつけることが多いでしょう。

「おせち」は、もともとは季節の変わり目の節句（節供《せちく》）に、年神様に供えるための「お節」料理でした。それが、やがて大晦日の年越しのときに食べるようになり、年に何回かある節句のなかでも正月がもっとも重要ということから、正月料理に限定されるようになりました。

　当初は、松の内の間じゅう食べるものでしたが、しだいに正月三が日に食べるのが通例になっています。

　おせちは、年神様に供えるための供物《くもつ》料理であるとともに、家族の繁栄を願う縁起ものの家庭料理でもあります。そのため「めでたい」とされる日持ちのする材料で作り、家族が食べるほかに、年賀に来るお客様にも出せるようにと、重箱（お重）に詰めておくのが一般的です。

重箱は中身によって区分けしてあり、一の重には口取り（かまぼこ、きんとん、伊達巻きなど）、二の重には焼物（ブリの照り焼き、イカの松風《まつかぜ》焼きなど）、三の重には煮物（レンコン、里イモ、高野豆腐など）、四（与《よ》）の重には酢の物（紅白なます、酢レンコンなど）を入れるのが習わしで、さらに五の重を用意するところもあります。

雑煮

年神様の下がりものの餅をいただく

正月といえば、まず「雑煮」を思い浮かべる人が多いでしょう。雑煮とは、もともとは年神様に供えた餅を神棚から下ろし、それを野菜や鶏肉、魚介などと一緒に煮込んで作った料理で、「雑煮餅」ともいいました。

元来、雑煮は正月用ではなく、室町時代のころの儀礼的な酒宴などで出されたのが始まりです。最初に雑煮を食べて、胃を安定させてから酒宴に移るという前菜の役割を果たしていました。それが、やがて正月料理になったといいます。

雑煮は、地域によって作り方にそれぞれ特色があります。主として、関西では白みそ仕立て、関東ではしょうゆ仕立て（すまし仕立て）と分かれ、なかに入れる餅の形も、関西では丸餅、関東では切り餅（のし餅、角餅ともいう）が一般的です。

ちなみに、関西で丸餅を使うのは、年神様に供える鏡餅をかたどっているためといわれています。

お年玉

昔は年少者にお餅を渡すものだった

子どもたちにとって、正月に待ちかねているのは、なにより「お年玉」です。

お年玉とは、もとは年神様からの贈り物を意味し、年神様に供えた餅を下ろして、年少者に分け与えたのが始まりともいわれます。地域によっては、年神様に扮装した村人が元旦に各家を回り、子どもたちに丸餅を配って歩く習わしがいまだに続いています。この丸餅を「年玉」と呼んでいました。

ちなみに、お年玉は、年少者や自分より地位の低い人に贈るのに対して、お年賀は、お世話になっている人や目上の人、地位の高い人に贈るのが基本です。

書き初め

正月早々に、恵方に向かって書をしたためる

新年に初めて毛筆をとり、一年の抱負や目標をしたためるのが「書き初《ぞ》め」で、一般的には二日に行われます。

書き初めは「吉書《きっしょ》」とも呼ばれ、恵方（縁起の良い方向）に向かって、めでたい言葉や詩歌を書いたのが始まりといいます。

もともとは宮中で行われていた儀式でしたが、やがて江戸時代の寺子屋や明治以降の学校で習字教育が重視されるようになり、庶民の間にも書き初めの習慣が広まっていきました。いまでも正月行事として、各地の学校や書道教室などで、書き初め大会が行われています。

初夢

二日の夜に見る夢で、一年の運勢を占う

一般的に、正月の二日の夜に見る夢を「初夢」といい、見た夢の内容しだいで、その年

の運勢を占います。

「なぜ元旦ではなく、正月二日の夜に見る夢が初夢なのか」と疑問を抱く人も多いと思いますが、昔は書き初め、稽古始め、仕事始めなど、年初めの行事が二日であったため、一年のスタートとして、二日に見る夢を重視したようです。

初夢にその年の運勢が表れるということから、古来、だれもができるだけ良い夢を見ようと、いろいろな試みをしてきました。

初夢信仰は、もともとは中国から伝わったもので、「夢を食う」といわれる貘《ばく》の絵を枕の下に入れて、吉夢を見ようとしたという故事があります。日本では、それにあやかって室町時代には、縁起の良い七福神を乗せた宝船の絵を、枕の下に入れて寝るようにしていました。

江戸時代になると、めでたい初夢というのは「一・富士、二・鷹《たか》、三・茄子《なすび》」などの順といわれるようなりました。これらは、いずれも駿河《するが》（いまの静岡県）の名物で、当時、天下を取った徳川家康にあやかりたいという庶民の願望があったといいます。

ちなみに、江戸時代の元禄期にも、新年になると宝船の絵が飛ぶように売れたそうです。

七草がゆ

一年の健康を願って「かゆ」を食べる

正月七日の朝に、「七草がゆ」を食べて無病息災を願う習慣が、いまでも残っています。七草がゆを食べると、その年一年、病気にならないといわれ、日本では江戸時代から一般に定着しました。

もともとは中国で、毎年一月七日に官吏《かんり》昇進を決めることから、その朝、薬草である若菜を食べて、立身出世を願ったのが起源といわれます。

この行事が日本に伝わると、平安時代には宮廷の儀式として七草がゆを食べるようになりました。さらに江戸時代には、「五節句」の一つである「七草の節句」（人日《じんじつ》の節句）が定められ、正月の行事として一般にも定着しました。

現在でも、伊勢神宮では正月七日になると、若菜のかゆを作って内宮《ないくう》、外宮《げくう》に供えるしきたりが残っています。

七草がゆに入れる若菜は、時代や地域によって若干異なりますが、現在では、セリ、ナズナ、ゴギョウ（ハハコグサ）、ハコベラ（ハコベ）、ホトケノザ（タビラコ）、スズナ（カブ)、スズシロ(大根)の七種が一般的です。
七草がゆが定着した背景には、信仰的な側面ばかりでなく、正月のご馳走で疲れた胃腸を休め、青菜が不足する冬場の栄養補給をするという、実利的な効用もあります。

注　五節句(五節供)
江戸幕府が定めた式日で、一月七日の「七草の節句」(人日)、三月三日の「桃の節句」(上巳《じょうし》)、五月五日の「菖蒲《しょうぶ》の節句」(端午《たんご》)、七月七日の「七夕《しちせき》の節句」(七夕)、九月九日の「菊の節句」(重陽《ちょうよう》)の五節句をいう。

鏡開き……鏡餅を包丁で切ってはいけないワケ

一月十一日は、正月に供えた鏡餅を下ろして「鏡開き」をします。
この鏡開きとは、硬くなった餅を手や木槌《きづち》などで割り、雑煮や汁粉にして食べる行事です。餅を割るのに包丁を使わないのは、神霊が刃物を嫌うためといわれており、年神様が宿った餅をいただくことで、一年の健康を祈りました。

昔の武家では主君と家来たちがそろって食べ、商家でも主人と従者たち、さらには家族も加わって一緒に食べたということで、どちらの場合にも、家族や主従の親密さを深める意味があったといわれます。

当初、鏡開きは一月二十日に行っていましたが、江戸時代になって徳川家光の忌日《きじつ》が二十日に当たることから、商家が行っていた「蔵開き」と同じ、十一日に変更されました。

近ごろでは、こうした鏡開きの行事を見かけることは少なくなりましたが、講道館をはじめ、剣道・柔道などの道場では、いまでもこの日、寒稽古《かんげいこ》を行った後に、鏡餅を雑煮や汁粉にして食べる習慣が残っています。

小正月

この日に「小豆がゆ」を食べるのは？

一月十五日を「小正月《こしょうがつ》」といい、この日の朝には、小豆《あずき》がゆを食べる習慣がありました。古くは『土佐日記』や『枕草子』などにも、小豆がゆを食べたことが記されており、これを食べて、その年の豊作を祈願したということです。

古来、小豆は、米や大豆とともに、日本人の食生活に欠かすことができない穀物でした。

また、小豆のような赤い色の食べ物は、体の邪気を取り払うと考えられていたため、めでたい日などに、赤飯として供されてきました。

ちなみに、一月一日から七日までを「大正月《おおしょうがつ》」「男の正月」（とくに年男が大活躍するため）と呼ぶのに対して、一月十五日を「小正月」「女の正月」と呼びました。

この小正月には、左義長《さぎちょう》（どんど焼き）を始め、地方によっては、「なまはげ」「かまくら」などの行事が行われます。

左義長……正月飾りを燃やして、年神様を見送る

小正月の一月十五日前後に行われる火祭りが「左義長《さぎちょう》」です。左義長は「どんど焼き」「どんど祭り」とも呼ばれ、この日には、正月に飾った門松やしめ飾りを、神社や寺院の境内などに持ち寄って燃やしました。地方によっては、田畑に幾本もの長い竹を組み、そこで燃やします。

これは、いわば正月飾りの後始末の行事ですが、燃やすときの煙に乗って、新年に訪れた年神様が天上に帰っていくといわれます。

このとき同時に、棒の先に餅や芋、だんごなどを刺し、焼いて食べたりします。地域によって違いはあるものの、門松やしめ飾りなどを燃やした火で焼いて食べると、その年は無病息災であると信じられていました。

なぜ左義長と呼ばれるかについては、平安時代の宮中の儀式で「三毬杖《さぎちょう》」と呼ばれる青竹を立てて、正月の飾り物を燃やしたことに由来するという説や、鳥追い行事の「鷺鳥《さぎちょう》」から来ているなどの説があります。

薮入り

奉公人にとって年二回の貴重な休日

江戸時代、商家に住み込みの奉公人（丁稚奉公《でっちぼうこう》ともいいます）たちは、毎年、正月十六日と七月十六日の二日だけ休みをもらえるのが一般的でした。その休みを「薮入《やぶい》り」といい、関西では「六入《ろくい》り」といいました。

現在のように毎月の定休日がなかった時代、正月と盆の二回の薮入りは、奉公人たちにとって首を長くして楽しみに待つ貴重な休日でした。

この日には、奉公人は主人からお仕着せの着物や小遣いをもらって、親元に帰ったり、芝居見物などをして過ごしたりして、年二回だけの休みを楽しんだといいます。

藪入りとは「奉公人を家に帰すこと」、つまり「宿入り」がなまったということですが、定かではありません。

第二章

年中行事のしきたり

晴れやかな正月行事がひととおり終わると、
日常の生活である「ケ」の日々が始まります。
しかし、単調な毎日に時折「ハレ」の日を織り込むことで、
日本人は日々の生活に変化を与え、ケジメをつけてきたのです。
また、先祖供養を目的とするお盆やお彼岸など、
いまある自分たちの拠《よ》り所を確認し、
感謝する行事も大切に守り継いできました。

節分

豆をまくことで、鬼や悪霊を追い払う

二月三日（年によっては二日）の節分には、多くの家々で豆まきをします。また神社やお寺でも、その年の干支《えと》生まれの年男たちが、集まった人々を前にして豆まきをする行事が行われます。

もともと節分とは、立春、立夏、立秋、立冬といった季節の改まる前日のことを呼びましたが、しだいに立春の前日だけを指すようになりました。この節分を境にして、暦の上では翌日から春になり、旧暦ではこのころに一月一日（正月）がくるので、立春も一年の始まりと捉えられており、節分の豆まきは大晦日の重要な行事のひとつでした。

この行事は、古代中国で大晦日に行われていた「追儺《ついな》」に由来します。これは、邪鬼や疫病などを打ち払うために、鬼の面をかぶった人を、桃の木で作った弓矢で射って追い払うというものです。

これが奈良時代に日本に伝わり、平安時代には宮中で大晦日の行事として、さかんに行われるようになりました。

このころには、ヒイラギの枝にイワシの頭を刺して家の門にかかげる、節分特有の飾りも広まっていったようです。ヒイラギの葉にはトゲがあり、またイワシは生臭物《なまぐさもの》であったため、魔除けの効果があると信じられていたのです。

鬼を追い払うために豆をまくという行事が定着したのは、室町時代中期以降のことで、江戸時代になると一般庶民の間にも広まりました。

ちなみに、「鬼は外、福は内」と大声で豆をまくのは、季節の変わり目は、鬼などの妖怪や悪霊が集まり、疫病や災いをもたらすと考えられていたため。豆をまくことによって自分の家から鬼を打ち払おうとしたのです。

煎《い》った豆は福豆と呼ばれ、その豆をまき、自分の年齢の数だけ（あるいは年齢の数プラス一個という地域もある）食べることで、邪気を追い払い、病に勝つ力がつくと考えられていました。

また、鬼を打ち払うのに、なぜ豆を「まく」というのかは、農作業で畑に豆をまくしぐさを表しており、農民たちの豊作を願う気持ちが込められているともいいます。

初午

二月最初の午の日に、稲荷神社で祭礼がある理由

午《うま》の日とは、十二支の午に当たる日のことで、十二日ごとに回ってきます。この午の日に厄除けに行くのがよいとされ、なかでも二月最初の午の日を「初午《はつうま》」といい、この日に全国の稲荷神社でさまざまな祭りが行われます。

もともとは和銅四年（七一一年）の二月の午の日に、京都の伏見稲荷大社に祭神が降臨したのを祀《まつ》ったことが始まりです。その後、縁日として、全国各地の稲荷神社で祭礼が行われるようになりました。

稲荷神社の「稲荷」とは、「いね・なり」から来ているともいわれ、本来は五穀豊穣を祈願していました。

やがて信仰が広まっていくなかで、都会では商売の、漁村では豊漁の守護神として、稲荷神社はいまでも多くの人々の信仰の対象となっています。

針供養

針をこんにゃくや豆腐に刺して供養する

二月八日には、日ごろ使っている針を供養する行事があります。これは江戸時代から始まった行事で、この日、女性は針仕事を休み、折れたり、曲がったりして使えなくなった針をこんにゃく、豆腐、餅などに刺して、川に流しました。または、近くの神社やお寺に針を持ち寄って、供養しました。

こうして、日常生活に欠かせない針に感謝をささげるとともに、針仕事の上達と安全を祈ったのです。

この針供養は、地域によっては二月八日と十二月八日の年二回行います。この二日は、事始めと事納めという厄日に当たるため、針仕事を休んで針の供養をするようになったということです。

最近、この行事はあまり見られなくなりましたが、和裁を教える学校などでは、現在でも針供養を行っています。

ひな祭り

……………………なぜ「桃の節句」と呼ばれるのか

三月三日は、五節句（52ページ参照）のひとつである「上巳《じょうし》の節句」に当たり、この日に、女の子の成長と幸せを願う「ひな祭り」が行われます。

そもそも古代中国には、三月最初の巳《み》の日に、川に入ってケガレを清める「上巳節」という行事がありました。それが日本に伝わり、貴族の女の子たちの人形遊びである「ひいな遊び」と合わさって、ひな祭りの原型ができていきました。

いまでも一部の地域に残る「流しびな」の風習は、この由来にならって、子どものケガレをひな人形に移して、川や海に流したことから来ています。

やがて近世の安土・桃山時代になると、そうした風習が貴族から武家の社会に伝わり、江戸時代には庶民の間に広まっていきました。このころには、ひな段にひな人形を並べて桃の花を飾るという、現在のひな祭りに近い形になっています。

桃の木は、中国で悪魔を打ち払う神聖な木と考えられていたため、ひな祭りで飾られるようになり、そこから、ひな祭りのことを「桃の節句」ともいうようになりました。

ひな人形は平安貴族の婚礼を表しているともいわれ、一段目に新郎新婦である内裏《だいり》びな、二段目にお世話役の三人官女《かんじょ》、三段目に宴を盛り上げる五人囃子《ばやし》などを飾り、婚礼は夜に行われたため雪洞《ぼんぼり》の灯りをともします。さらに、京都の平安宮内裏の前庭に植えられている桜と橘《たちばな》を模して、内裏びなから見て左に桜（左近《さこん》の桜）、右に橘（右近《うこん》の橘）となるように飾るのが習わしです。

祝いの料理には、ひし餅、ひなあられ、白酒《しろざけ》（甘酒）、ハマグリのお吸い物、散らしずしなどを用意します。ひし餅はピンク、白、緑の餅が重なったもので、ピンクは桃を表し、緑は邪気を払う薬草のヨモギで作ります。お吸い物のハマグリは、対《つい》である貝殻としか合わないことから夫婦和合の象徴として、幸せな結婚への願いが込められています。

俗に、ひな人形は長く飾ると女の子の婚期が遅れると考えられ、ひな祭りがすんだ翌日以降、なるべく早く片づけるとされてきました。

お彼岸……………………春分の時期に先祖供養の仏事を行う理由

三月の春分の日をはさんで、前後約三日ずつの一週間を「春のお彼岸」といいます。

春分の日には昼夜の長さが同じになって、太陽が真西に沈むため、仏教で西方の遙かかなたにあるといわれる極楽浄土にちなんで、この期間中に仏事をするようになりました。

お寺では「彼岸会《ひがんえ》」という法要が行われ、お坊さんが読経や説法などをし、檀家《だんか》の人たちはお寺で説法を聞いたり、先祖の墓参りをし、だんごやぼた餅を作って仏前に供えます。ぼた餅（牡丹餅）は、この時期に咲くボタン（牡丹）の花にちなんで名づけられたといわれます。

ちなみに、「彼岸」とは仏教用語で向こう岸という意味で、一切の悩みを捨て去った悟りの境地に達することをいいます。これに対して、生死の苦しみに迷う現世が「此岸《しがん》」です。この仏教思想に、日本古来の祖霊信仰が合わさって、お彼岸行事が生まれました。

同じく「秋のお彼岸」は、九月の秋分の日をはさんだ前後約三日ずつで、春のお彼岸と同様、先祖を供養し、故人をしのんできました。

この日に仏前に供える餅は、秋の花のハギ（萩）にちなんで「おはぎ」といいます。これは、春のぼた餅と同じものであるとか、ぼた餅はこしあん、おはぎはつぶあんで作るなど、いろいろな説がありますが、いずれにしても、あんの元である小豆《あずき》が邪気を払う食べ物とされ、先祖の供養として供える風習が根づきました。

花祭り……………………お釈迦様の誕生日に、釈迦像に甘茶をかける

毎年四月八日に行われる行事に「花祭り」があります。これは釈尊《しゃくそん》、つまりお釈迦様《しゃかさま》の誕生日とされる四月八日を祝う行事で、もともとは「灌仏会《かんぶつえ》」「仏生会《ぶっしょうえ》」とも呼ばれていました。

この日は、ほとんどのお寺で、境内にいろいろな花で飾った花御堂《はなみどう》という小さなお堂を作り、水盤の上に釈迦の立像を置きます。そして、参詣人はこの釈迦像の頭上に、竹杓子《たけじゃくし》で甘茶を注いで拝むのが習わしとなっています。

甘茶を注ぐのは、お釈迦様が生まれたとき、天から九頭龍《くずりゅう》がきれいな水を吐いて、産湯につかわせたという伝説によるものです。

花祭りはインドで起こり、日本には奈良時代に伝わってきたといわれます。当時は釈迦像に五種の香水を注いでいましたが、江戸時代になると甘茶をかけるように変わっていきました。

参詣人はこの甘茶をいただいて帰り、それで墨をすり、「千《ち》はやぶる卯月《うづき》八日は吉日よ

神さけ虫を成敗《せいばい》ぞする」と紙に書きました。それを、蚊帳《かや》のつり手に結びつけたり、戸口に逆さに貼っておいたりすると、虫除けになるといわれたためです。

ちなみに花祭りといえば、長野県、静岡県、愛知県などで行われている「霜月神楽《しもつきかぐら》」を指す場合もあります。こちらの花祭りは「花神楽」ともいわれ、神前で演じる舞楽《ぶがく》の一種です。霜月と呼ばれるように、かつては旧暦十一月に行われていましたが、現在では一月初旬に行われたりしています。

八十八夜

茶摘みや農事を始める重要な日

八十八夜とは、立春から数えて八十八日目に当たる日のことで、現在でいえば五月二日ごろになります。

よく知られた茶摘み歌に「夏も近づく八十八夜……」がありますが、このころは茶摘みの季節であり、八十八夜に摘んだ茶の葉は上等とされ、長寿の縁起物としていまでも珍重されています。

また、「八十八夜の別れ霜」といわれるように、霜による農作物の被害から解放される時期であるため、農村では田の苗代《なわしろ》作りや、畑で種まきを始める目安の日とされてきました。とくに「八十八」は漢字の「米」に通じ、末広がりの「八」が重なる縁起の良さも加わって、昔から農事の目安として欠かせない日でした。この日は、田の神に供え物をして豊作祈願もしました。

農事ばかりでなく、瀬戸内海では「魚島時《うおじまどき》」といわれ、この日は豊漁期に入る目安ともされていたとのことです。

端午の節句

中国では、薬草で邪気を払う日だった

五月五日に行われる行事が、五節句のひとつである「端午《たんご》の節句」です。男の子のいる家では鯉のぼりを立て、五月人形を飾り、ショウブ湯に入ったりします。

この行事は中国で始まったもので、かの地では、この日に薬草であるショウブやヨモギを門につるしたり、ショウブ酒にして飲むなどして、邪気払いをしていました。これが日本に伝わって、「端午の節句」になりました。

端午の「端」は「初」を意味し、「午《ご》」は午《うま》の日のことで、本来、端午とは五月最初の午の日を指していました。やがて、午が五《ご》に通《ご》じることや、五が重なることから、とくに五月五日を重五、重午などと呼んで、この日に祭りをするようになったといいます。

もともと日本では、端午の節句は女性のお祭りでした。田植えが始まる前に、早乙女《さおとめ》と呼ばれる若い娘たちが、「五月忌み《さつきいみ》」といって、仮小屋や神社などにこもってケガレを払い清めていたのです。つまり、この日は、田の神に捧げる祭りに対して、女性の厄払いの日だったのです。

男の子の祭りに変わったのは平安時代からで、この時代、宮中では馬の上から矢を射たり、競馬《くらべうま》などの勇壮な行事を行うようになりました。やがて、端午の節句で使われるショウブが、武事を尊ぶ「尚武《しょうぶ》」や「勝負」に通じることから、男の子がショウブを頭や体につけたり、ショウブで作った兜《かぶと》で遊ぶようになり、男の子を祝う行事に変わっていったのです。

さらに、江戸時代になると、幕府によって五節句の一つである「端午の節句」に定められ、武者人形を家のなかに飾るようになり、また中国の「鯉《こい》は龍門《りゅうもん》の滝を登って龍になる」という故事にあやかり、子どもの出世を願って鯉のぼりを立てるようになりました。

ちなみに、「龍門」とは中国の黄河の上流にある急流で、出世への関門を表す「登竜門」

という言葉の語源にもなっています。

ところで、端午の節句には、ちまきや柏餅《かしわもち》を食べる習慣があります。ちまきとは、もち米を笹の葉などで包んで蒸したもので、これは中国の伝説に由来しています。

古代中国・楚《そ》では、詩人であった屈原《くつげん》が五月五日に川に身を投じて死んだことを人々が悲しみ、命日になると、竹筒に米を入れて川に投げ入れていました。ところがある年、屈原の霊が現れて、「米を龍にとられるので、竹筒ではなくて、龍が嫌う楝樹《れんじゅ》（センダン）の葉で包み、糸で結んでほしい」といったといいます。この話が伝わって、この日に、ちまきが食べられるようになりました。現在では笹の葉で代用されています。

また柏餅は、あん入りの餅を柏の葉で包んだもので、柏は新しい葉が生えないと古い葉が落ちないことから、後継ぎが絶えないようにとの願いが込められているといわれます。

衣替え
冬服から夏服へと制服が替わる日

六月一日になると、学校や職場の制服が一斉に冬服から夏服に替わります。いまでも和服には、この日に、裏地をつけた「袷《あわせ》」から、裏地のない「単衣《ひとえ》」に替えるしきたりが残っています。

この「衣替え」は「更衣《こうい》」ともいい、平安時代の宮中で四月と十月の朔日《さくじつ》（一日のこと）に行われていました。とくに四月朔日の更衣は、綿入りの衣服から綿を抜くため、「綿貫《わたぬき》」ともいいました。

やがて、衣替えは民間にも広まっていきましたが、四月に単衣の着物に替えるのは、気候的に合わないという難点がありました。

そこで、江戸幕府は、四月一日から五月四日までは裏地のある袷、五月五日から八月末日までは裏地のない「帷子《かたびら》」、九月一日から同月八日までは袷、九月九日から三月末日までは防寒用の「綿入れ」を着るという、一年に四回の衣替えを取り決め、民間でもそれに準じて衣替えをするようになりました。

そして、明治時代になると、和服から洋服を着るようになったのを機に、政府は新暦の六月一日を「夏の衣替え」、十月一日を「冬の衣替え」の目安としました。それが今日まで続いていますが、年によって気候の違いもあり、現在では学校など以外、衣替えの時期はさほど厳密ではなくなっています。

七夕

日本と中国の伝説の合作だった

七月七日に行われる七夕《たなばた》（七夕祭り）では、五色の短冊や吹き流しなどをつるした笹竹を飾り、夜空の星を眺めます。これは五節句のひとつで（七夕《しちせき》の節句）、日本に古くから伝わる棚織津女《たなばたつめ》の話と、中国に伝わる牽牛星《けんぎゅうせい》と織女星《しょくじょせい》の伝説、このふたつの話にもとづいています。

日本の棚織津女の物語は、村の災厄を除いてもらうため、棚織津女が機屋《はたや》にこもって、天から降りてくる神の一夜妻になるという話。

また、中国の伝説は、夫婦であった牽牛と織女が天帝の機嫌をそこね、天の川をはさんで引き離されてしまい、一年に一度だけ、七月七日の夜に天の川にかかる橋で会うことを許された、という有名な伝説です。

この中国の伝説が奈良時代に伝わり、日本に古くから伝わる棚織津女の物語が合わさって、現在の七夕（七夕祭り）が生まれたと考えられています。

七夕が近づいてくると、それぞれの願い事を短冊に書き、笹竹に結びつけて七夕飾りをします。江戸時代には、この行事は手習い（習字）が上手になるようにとの願いから寺子屋などでさかんに行われ、その後、学校などでも学問や技芸の上達を願う行事として広まっていきました。

七夕祭りの翌日には、祭りに使った笹竹や飾りなどを川や海に流してケガレを払う「七夕送り」、または「七夕流し」という行事を行うほか、流しびなのように人形を流して送る地域もあります。

土用の丑の日

ウナギを食べるようになった理由は？

土用とは、雑節《ざっせつ》（25ページ参照）のひとつで、立春、立夏、立秋、立冬それぞれの直前、約十八日間をいいます。現在では、土用といえば、立秋前の「夏の土用」のことを指すようになりました。

いずれの土用においても、その間は「土」の神が気を支配するといい、土を動かしてはいけないとされています。そのため、土を掘り起こす造園や工事、建築、土を移動する引っ越しや旅行などがタブーとされてきました。

また、土用は季節と季節の変わり目であるため、体調管理が重要とされる時期でもあり、それぞれの土用で、食べたほうがよいとされる食材や健康についての習慣があります。

一年のなかでも、夏の土用はとりわけ暑い時期のため、江戸時代には、この間の丑《うし》の日（七月下旬ごろ。年によっては二度ある）をとくに「土用の丑の日」と重視し、この日に薬草を入れた風呂に入ったり、お灸をすえたりすると、夏バテ予防や病気回復などに効き目があるとされていました。

また、丑の日にちなんで「う」のつくもの、例えばウリ、ウナギ、梅干しなどを食べると体に良いとも信じられていました。

現在のように土用の丑の日に、とりわけウナギを食べる習慣は、江戸時代に蘭学者であった平賀源内が、ウナギ屋の宣伝策の一環として広めたためといわれています。

お盆……祖先の霊を迎えて供養し、あの世に送りだす

七月十五日を中心とした先祖供養の時期を「お盆」といい、現在では七月に行う地域と八月に行う地域があり、八月のお盆のことを「旧盆」ともいいます。

お盆の正式名称は「盂蘭盆会《うらぼんえ》」で、これは「逆さに吊るされた苦しみを救う」という意味のサンスクリット語（古代インドの言語）です。

盂蘭盆会は、釈迦《しゃか》の弟子である目蓮《もくれん》が「死んだ自分の母親が、餓鬼道《がきどう》に落ちて逆さ吊りの罰を受けて苦しんでいます。どうしたら救われるでしょう」と釈迦に教えを請うたところ、「七月十五日に供養しなさい」といわれた、という話に由来します。そこで目蓮が、この日に手厚く母親の供養をしたところ、母親は救われて極楽浄土に行くことができたことから、盂蘭盆会の行事が生まれたといいます。

これが日本に伝わり、独自の祖霊信仰と融合して、日本ならではのお盆の習慣がつくられていきました。

お盆が始まる十三日の夕方になると、「精霊迎え《しょうりょうむか》」といって、祖先の霊が迷わずに帰ってこられるようにと、家や寺の門前で迎え火を焚きます。仏壇の前や野外などには、「盆《ぼん》棚《だな》（精霊棚ともいう）」と呼ばれる臨時の棚を設け、仏壇から位牌を取りだして置きます。

この盆棚には、果物・野菜などの季節ものや、お盆につきもののおはぎなどが供えられ、また朝昼晩の三回、ご飯と水も供えます。さらにここに、キュウリで作った馬やナスで作った牛を飾ったりしますが、これは祖先の霊が馬に乗って〝この世〟に戻ってきて、帰りは牛に乗ってゆっくり帰っていくと考えられていたためです。

この期間には、僧侶を招いて読経してもらうなど、盛大に先祖供養をします。とくに、この年に新仏《しんぼとけ》の出た家では「新盆《にいぼん》」と呼び、特別の提灯を飾ったり、故人と親しかった人たちを招いて手厚く供養するのが習わしです。

十六日には、家や寺の門前で送り火を焚いて、祖先の霊の帰り道を明るく照らして送りだします。このとき、盆棚に供えた野菜や果物などを川や海に流す「精霊流し」を行うこともあります。

また、精霊流しの一種である「灯籠流《とうろう》し」を行う地域もあります。これは、灯籠にロウソクの火を灯して川や海に流すと、精霊がその灯籠に乗って川を下って海に出て、さらに〝あの世〟に帰っていくと考えられたためです。

盆踊り……念仏踊りと先祖供養が結びついたのが始まり

お盆の時期になると、全国の至る所で「盆踊り」が行われます。もともとは、年に一度、文字通りお盆のときに、精霊がこの世に戻ってきたのを供養するために踊ることを意味していました。

その原型は、鎌倉時代、時宗《じしゅう》の開祖・一遍上人《いっぺんしょうにん》が広めた念仏踊りと、先祖供養が結びついたのが始まりのようで、やがて笛や太鼓でにぎやかに囃《はや》すようになり、そろいの衣装で踊るなど、変化に富んでいきました。

さらに、江戸時代になると歌や三味線なども加わり、一層、娯楽性の強い行事に発展しました。

盆踊りには、行列踊りという、列を組んで歩きながら踊る「念仏踊り」や「風流踊り」などがあり、その代表的なものが有名な「阿波踊り」です。

また、櫓《やぐら》を中心にして、その周りを踊る「輪踊り」も一般的で、これは古代日本で神様が降りてきたところを中心に、輪を作って踊った名残とされています。

いまでは旧盆、新盆を問わず、夏の間じゅう、どこからか盆踊りの太鼓の音や歌声が聞こえてきます。

重陽の節句

九月九日に菊酒を飲んで長寿を願う

九月九日は、五節句のひとつである「重陽《ちょうよう》の節句」の日です。もともと中国の考え方で、九という最大の陽数（奇数）が重なることから「重陽」と呼び、めでたい日とされてきました。

その始まりは、中国の六朝《りくちょう》時代の桓景《かんけい》という人物にまつわる故事にちなんでいます。「この日に高い所に登り、菊酒を飲めば、災いが避けられる」として、九月九日になると人々は酒肴《しゅこう》や茶菓《さか》などを持って、小高い山に登り、紅葉を眺めながら一日を楽しみ、邪気を払ったということです。

古来、中国では菊の花は不老長寿に結びつくと信じられ、九月九日にはとくに菊の花を浮かべた菊酒を飲むのが習わしとなっていました。

この習わしが飛鳥時代、日本に伝わって、宮廷の行事として菊花宴《きっかえん》が開かれるようになり、平安時代には重陽節として正式な儀式となりました。『紫式部日記』には、八日の夜に綿を菊の花にかぶせ、翌朝、露にぬれた菊の香りのする綿で肌をぬぐうと、長寿を保つことができるという、「菊の被綿《きせわた》」の慣習が描かれています。

江戸時代になると、重陽の節句は五節句のひとつの「菊の節句」として、民間にも広まっていきました。

明治時代以降、この風習は少しずつ薄れてきていますが、いまでも旧暦のこの日にちなんで、各地で菊の品評会が開かれています。

お月見

秋空に昇る満月を鑑賞する

旧暦の八月十五日（現在の九月十八日前後）は、ちょうど満月に当たります。この日を「十五夜」と呼び、ススキを生けて月見団子などの供え物をし、満月を愛でる「お月見」が催されてきました。

旧暦では七月から九月までが秋で、八月を「中秋《ちゅうしゅう》」と呼んでいたため、「中秋の名月」ともいいます。

中秋の名月を観賞する習慣は、すでに唐代の中国で行われていて、野菜や果物などを供えて月を拝み、酒宴を開いて観賞したという記録が残っています。

これが、平安時代ごろに日本に伝わり、当初は貴族階級の間で行われていましたが、やがて一般庶民にまで広まって全国的な行事となりました。農村では豊作を祈って、畑でできた秋の収穫物、とくに里イモを供えていたことから、「芋名月」とも呼ばれます。

ちなみに、旧暦の九月十三日（現在の十月の中ごろ）の月見を「十三夜」といい、この時期は秋の収穫を祝うという意味もあったので、豆や栗などの作物を供えました。そのため、「豆名月」とか「栗名月」などとも呼びます。

現在、「十三夜」の風習は薄れてきていますが、かつては「十五夜」と同じように「十三夜」の月見も重要な行事とされていました。

恵比寿講……………………年二回行われる、恵比寿様のお祭り

おもに商家が商売繁盛を祈念して、恵比寿神を祀る行事が「恵比寿講《えびすこう》」です。毎年一月と十月の二十日の二回行われ、「恵美寿講」「夷講《えびす》」「二十日《はつか》恵比寿」などとも記されたりします。

地域によっては一月十日や十二月八日に行うところがあったり、十月二十日を「商人え

びす」、十二月八日を「百姓えびす」とも呼んだりしています。

七福神の一神である恵比寿様は、商売繁盛のみならず、漁村では豊漁をもたらす神として、農村ではかまどや田の神として、古くから篤《あつ》く信仰されてきました。

関西には、正月十日を「十日戎《とおかえびす》」と呼んで、大阪商人が仲間を招いて祝宴を催したり、恵比寿様と縁が深いといわれる西宮《にしのみや》神社（兵庫県）か今宮戎《いまみやえびす》神社（大阪府）に、初詣をする習わしがあります。

この日は、笹が一年中枯れないことから、繁盛をもたらす縁起物として、笹の飾り物が飛ぶように売れるということです。

一方、関東では、田の神として信仰を集め、恵比寿様に田植え後の苗を供えたり、稲刈り後の稲を供えるなどしていました。

酉の市……熊手やお多福など、縁起物が並ぶ

毎年、十一月の酉《とり》の日に、鷲《おおとり》神社（大鳥神社ともいう）で行われる祭礼を「おとりさま」と呼び、この日に神社の境内に立つ市を「酉の市」と呼んできました。

鷲神社はもともと武運長久《ぶうんちょうきゅう》の神として、武士の信仰を集めていましたが、江戸時代になって祭礼の市で農耕具を並べたところ、熊手が「福をかき集める」「金銀をかき集める」縁起物として、とくに人気の品となりました。

さらに、七福神、お多福のお面、宝船などの縁起物や、黄金餅《こがねもち》という粟餅《あわもち》、ゆでたヤツガシラ（サトイモの一種で、親・子・孫と増えていくようすから「子孫繁栄」を願う縁起物）なども酉の市で売られるようになり、武運長久の神としてより、商売繁盛や開運の神として、広く信仰されるようになっていきました。

酉の市では、こうした縁起物は「安く買うほど縁起が良い」ということで、売り手と買い手の間で値段のかけひきがさかんに行われます。そして、商談が成立すると威勢のよい三本締めの手拍子が響くのも、酉の市ならではの風景です。

ちなみに、暦の上で、十一月に酉の日が二回くる年と三回くる年があり、「三の酉まである年は火事が多い」といわれます。

これはひと月に三回も祭礼が立つということで、日常生活がゆるまないよう、気を引き締める意味合いがあったようです。

年の市

年の瀬に正月用品や縁起物を売買する

年の暮れの十三日から二十三日ごろまで、社寺の境内や門前などに、正月用の飾り物や羽子板、縁起物などを売る「年の市」が立ちます。これは、江戸時代からさかんになったもので、とくに有名なのは、大宮の氷川神社、江戸の浅草寺、神田明神、三重の伊勢神宮など。毎年、多くの人で賑わい、師走の風情を味わえるものとなっています。

大きな都市だけでなく、地方都市でも年末になると各地に年の市が立ち、周辺の農漁村などから、正月用品の買い出しのために多くの人々が集まってきます。なかには、自分たちが作った飾り物、ほうき、縁起物などを売る人もいて、農漁業の収入を補い、正月準備のための貴重な収入源となっていました。

東北地方などの年の市は、年末ギリギリになってから立つので「詰市《つめいち》」と呼ばれ、市によっては、売れ残ったものを捨て値で売ることから「捨市」と呼ばれます。

なお、年の市としても有名な「世田谷ボロ市」は、戦国時代の「楽市」（誰でも自由に店を出せる市）から続く由緒あるものです。

冬至

柚子湯に入り、カボチャを食べる

冬至とは、一年で最も昼が短く、夜が長い日であり、この日を境にして徐々に日足が伸びていきます。それは、中国の陰陽思想でいう「陰極まれば、陽となる」ということであり、春の兆しが芽生えはじめる「一陽来復《いちようらいふく》」のときでもあります。

この日には、無病息災を願って、ユズを浮かべた「柚子湯《ゆずゆ》」に入ったり、カボチャの煮物を食べたりする習慣があります。ユズには体を温める作用があり、カボチャは保存が利くことから、冬の間の栄養源だったのです。

また、ユズもカボチャも黄色であるため、太陽の力がもっとも弱まるこの日に、太陽を表すものから「陽」の気を取り入れる意味もあったとされています。

除夜の鐘

鐘を百八回つくようになった二つの説

年末最後の大晦日《おおみそか》は、旧年と新年の区切りの日であり、その夜を「大晦《おおつごもり》」「除夜」「年越し」などといって、新年の神様である年神様が来るのを、寝ないで待つ日とされていました。

かつては日没を一日の境とし、大晦日が暮れるとともに新年となるという考え方もあったため、除夜の鐘は新年の行事の一部ともされていました。

大晦日の夜は、神社では境内で火を焚き、夜を徹して神主が罪やケガレを清める大祓《おおはらえ》を行い、寺院では、午前零時を前にして除夜の鐘をつき始め、年をまたいで百八回鳴らします。

除夜の鐘を百八回つくのは、中国で宋の時代（十〜十一世紀）から始まったもので、十二か月と二十四節気と七十二候（五日を一候とした昔の暦）を合わせた数が百八になるため、といわれています。別説では、人間が過去、現在、未来にわたって持つ百八つの煩悩を打ち払って、罪業《ざいごう》の消滅を祈るためともいいます。

年越しそば……………そばのように細く長く、長寿であることを願う

大晦日の年越しの夜に、除夜の鐘を聞きながら、年越しそばを食べる習わしがあります。

これは江戸時代の町人の間で始まったといわれ、そばのように細く長く長寿であるようにという願いが込められているといいます。

また、金銀細工職人が仕事場に飛び散った金粉を、そばを練って作っただんごで集め、そのだんごを焼いて金粉を取りだしたことから、「そばは金を集める」という縁起の意味もあったといいます。

実際、当初は、大晦日にそばだんごを食べていたようですが、やがて現在のように、そば切りを食べるのが一般的となりました。

また、年越しそばに薬味の刻みネギが添えられるのは、ネギの語源が「ねぐ」からきていて「祈る」という意味があることから、さらに長寿や金運を祈願するためともいわれます。

第三章

結婚のしきたり

いまでは男女の自由恋愛が当たり前で、
当人同士の意思で結婚を決めるケースが多くなっていますが、
少し前までの日本では違いました。

結婚は当人同士よりむしろ、家と家の結びつきに
重きが置かれていました。

そのため、古くから伝わる結婚・婚姻のしきたりには、
当人たちを祝福するのはもちろんのこと、
家と家の新しい結びつきを祝い、
両家の家系が子々孫々まで絶えないようにとの願いが込められています。

婚姻……「婿入り婚」から「嫁入り婚」へと変化

日本の婚姻は、時代によって、また身分によって、さまざまな形態をとりながら変化してきました。民俗学者の柳田国男によると、大きく分けて、婚姻の形は、「婿入り婚」「足入れ婚」「嫁入り婚」という順に変わってきたということです。

「婿入り婚」といわれる形は、古くは『源氏物語』のなかでも書かれているように、男性が女性の家に通うというもの。「通い婚」「妻訪《つまど》い」ともいわれていました。そして、女性方が公認すると、婚姻成立の祝いなどが女性方で行われました。

戦国時代から江戸時代になると、男性の家に女性が嫁《とつ》ぐ「嫁入り婚」の形がとられるようになって、現在の結婚式の原型である婚礼・祝言《しゅうげん》が始まり、それが一般庶民の間にも広まっていきました。

婿入り婚と嫁入り婚の中間的な形として、「足入れ婚」というのがあります。これは、婚姻成立の祝いが婿方で行われた後、嫁となった女性が婚家からいったん自分の生家に戻って暮らします。婿は嫁の生家を訪ねる形をとりながら、一定の時期を経て、嫁や子どもたちが婿方に移り、一緒に暮らしはじめる、というものでした。

しかし、いずれの場合にも、婚姻の祝いや儀式などは、婿か嫁、いずれかの家で行われるのが一般的で、現在のように別の場所を借りて式を行うようになるのは、明治以降になってからのことです。

見合い……………………かつては男性に女性を引き合わせるものだった

江戸時代ごろまでは、いまほど男女の自由な交際が認められていなかったため、婚姻の前段階として、おもに見合いという形がとられました。「見合い」という言葉は「妻合《めあ》わす」からきているといわれるように、当時の見合いは、男性に妻となるべき女性を引き合わせるためのものでした。

当時の見合いは、おもに女性の家で行われ、その場で男性が意思表示をします。

男性と仲人が女性の家を訪れて席に着くと、まず当の女性が茶菓などを運んできます。

そのとき、男性が相手の女性を気に入れば、出されたお茶を飲むか、菓子を持ち帰るか、または自分の扇子《せんす》を置いて帰るかして、婚姻の意思があることを相手に伝えます。

しかし、婚姻の意思がないときは逆に、出されたお茶を飲まず、菓子に手を触れず、または扇子を置かずに帰ることで、相手と婚姻の意思がないことを知らせました。

男女の自由恋愛が当たり前になった現在でも、見合いは行われていますが、かつてのような男性側の一方的な意思表示だけで決まる形態は、さすがに少なくなっています。また、見合いの場所もどちらかの家ではなく、ホテルのラウンジなど、別の場所を利用するのが一般的です。

仲人 媒酌人とはどう違うのか

最近は「仲人」を立てずに結婚式を行うケースが多くなっていますが、かつては結婚する際には仲人を立てるのが習わしでした。

すでに平安時代ごろの通い婚には、仲介者が登場していて、男女の取り持ち役として、たいていは身分の高い人が務めていました。また、鎌倉時代の一時期には、中媒《なかだち》と呼ばれる女性がいて、未婚の男性に嫁の仲立ちをして、金銭の報酬を受け取るようなこともあったといいます。

嫁入り婚の形をとるようになった江戸時代以降は、仲人が非常に重視されるようになり、結婚の段取りすべてを取り仕切りました。仲人は両家の経済状態や職業・社会的地位などの釣り合いを考えながら縁談話を進めるほかに、婚礼に立ち会う保証人役も務めたので、「橋渡し」とも呼ばれました。

やがて見合い結婚が少なくなってくると、挙式にあたって「媒酌人《ばいしゃくにん》」を立てるケースが多くなりました。そのため仲人と媒酌人は混同されがちですが、見合い結婚の場合はそれまでの経緯上、仲人が媒酌人を務め、そうでない場合は「式当日の仲人」として媒酌人を立てます。媒酌人は「頼まれ仲人」ともいいます。

媒酌人の役割は、二人が厳粛に挙式したことを披露宴の列席者に報告すること、新郎新婦の紹介をすることとです。媒酌人を仲人と違う人にお願いした場合は、披露宴の席上で、仲人を紹介するのが礼儀とされています。

結納……家と家が新たに結ばれるための儀式

最近の婚姻では「結納《ゆいのう》」を省略するケースが増えているようですが、かつては家と家を

「結」びつけるという意味で、品物を「納」める結納の儀礼が非常に重視されました。昔は結納を「結いの物」ともいい、婚姻に先立って、婿方が女性の家に持参する縁起の良い酒肴（酒と料理のこと）を指し、それをともに飲食して祝いました。

すでに平安時代ごろの婿入り婚でも、婿方が初めて女性の家に入る際に酒肴を持参したといいます。

やがて、戦国時代から江戸時代にかけての武家社会では、いわゆる嫁入り婚の形をとるようになり、結納は婿方、嫁方双方が贈りあう、それぞれの家の格式にふさわしい物品に変わっていきました。

具体的には、婿方が、花嫁の衣装や帯など身のまわりの品一式を取りそろえ、仲人を介して贈るようになったといいます。一方、嫁方でも、贈られた結納の額とその家の格式に見合った花嫁道具をそろえて、あらかじめ婿方に届けるようにしていました。

さらに時代を経て、結納は物品から金銭へと変化していきます。いまでも、男性側から女性側へ結婚の支度金として贈る結納金の目録に、「御帯料」「御袴料」などと書くのは、かつて物品を贈っていたときの名残です。

また、結納の品である、長熨斗《ながのし》・末広《すえひろ》・友志良賀《ともしらが》・子生婦《こんぶ》・寿留女《するめ》・勝男武士《かつおぶし》など（いずれも長寿・健康・子孫繁栄などの縁起に関連するもの）は、現在ではこれらを簡略化した九品目セットなどとして市販されています。

いずれにしても、結納は両家の結びつきを確かめるための儀礼的な贈答交換でしたが、婚姻はある面で、嫁方の働き手である娘が婿方に移ることであり、それに対する代償的な意味を含んでいたともいわれます。

また、婚姻が婿方の都合で破綻したときの、一種の保障的な意味も含んでいたということです。

神前結婚式

現在の形になったのは、じつは最近

最近の若い人たちは、教会や海外などで結婚式を挙げることが多くなっています。しかし現在でも、神前結婚式を行うケースはまだまだ多いようです。

日本では、古くから神道が日常生活と密接に関わっていましたが、現在のような神前結婚式が行われるようになったのは、明治時代になってからのことです。

鎌倉時代ごろの武家の婚礼では、花嫁が輿《こし》に乗って婿の家に入ると（ここから嫁入りを

「輿入れ」ともいう）、婿方の家族も参加して夫婦の盃《さかずき》を交わし、その後、親戚などに紹介するという、ごく簡単なものでした。やがて、婚礼はしだいに儀式化して、室町時代には三三九度も加わるようになります。

現在の神前結婚式の形は、明治三十三年の皇太子（後の大正天皇）のご成婚の際の儀式を手本にして、一般にも広まりました。

また、婚礼の儀式を婿方の家以外の場所で行うようになるのも、この大正天皇ご成婚を契機としてからです。

以後、一般人も神社で神前結婚式を行うようになり、新郎・新婦は神前で三三九度を交わすようになりました。

三三九度……なぜ「三」と「九」なのか

「三三九度の盃」とは、新郎・新婦がともにお神酒《みき》を飲み交わして結婚を誓い合う、神式独特の儀式です。三杯ずつ三度、盃のやり取りをするので、「三献《さんこん》の儀」「三三九献」とも呼ばれます。

三三九度は、まず大中小の三重ねの盃のうち、新郎が小盃（一の杯）を両手で取り、巫女《みこ》にお神酒を三度に分けて注いでもらいます。新郎はそれを一口目、二口目は口をつけるだけにし、三口目に飲み干します。その後、新婦も同様の手順で行います。

中盃（二の杯）は逆に、新婦が両手で取り、小盃と同様に三度に分けて注がれたお神酒を三度に分けて飲みます。その後、新郎も同様の手順で行います。

最後は、新郎が大盃（三の杯）を両手で取り、小盃と同じように新郎、新婦の順で行います。

このように新郎・新婦が三度、三度に分けて合計九回、飲む所作を繰り返すために、三三九度といい、何回も新郎・新婦が盃を重ねることによって、固い縁を結ぶという意味が込められています。

ちなみに、三三九度という回数は、中国の影響を受けたものといわれ、奇数である三は縁起の良い数字（陽数）とされていました。それを三回繰り返し、よりめでたい数字である九にすることで、最高のめでたさを表しました。

披露宴

だれにお披露目するものだった？

結婚式のあとの、新郎・新婦の文字どおりお披露目の宴が「披露宴」です。

近世以降は、おもに新郎の家で婚姻の式が行われたため、親戚・知人・隣人などを招き、式に続いて披露宴が催されました。そして、翌日は新婦のお披露目のために、新郎の親と新婦が近所にあいさつをして回り、息子の嫁として嫁入りを認知してもらうというのが慣例でした。昔は村の外から嫁を迎えるときに、両家の関係者はもちろん、村人たちにもお披露目して公認される必要があったのです。

明治以降、神前結婚式の広がりとともに、披露宴もしだいに盛大になり、場所も宴会場などを利用するようになって、挙式より披露宴のほうに重きが置かれるようになっていきました。

ちなみに現在でも、披露宴では開宴を待つ間、招待客に桜湯が出されることがあります。これは、お茶は「お茶を濁す」に通じるということで敬遠され、茶碗のなかで桜の花が開き、見た目も縁起が良いということで、桜湯を出すようになったといわれます。

お色直し……わざわざ衣装を着替える目的とは？

披露宴が進んでいくなかで、新婦が一時的に宴を離れ、装いも新たに再登場する「お色直し」が行われます。

このお色直しは、昔、花嫁が実家の家紋をつけた白無垢《しろむく》で婚礼に臨み、式後は、嫁入り先の家紋をつけた着物に着替えたことに始まるといわれます。また、結婚式という厳粛《げんしゅく》な儀式では清純を表す白無垢を着ていて、披露宴では別の着物に着替えたため、という説もあります。

もともとお色直しは女性だけが行うものでしたが、いまでは新婦とともに新郎も、モーニングから紋付袴《もんつきはかま》に着替えたりすることもあります。

引出物……平安時代から続く招待客への贈り物

結婚披露宴に招いたお客に対して、帰りに「引出物」を渡すのが通例です。このように宴席に招待した客に対して、主催者から物品を贈るという習慣は古くからありました。すでに平安時代の貴族たちの間では、馬を引き出して贈ったということが文献に残っていて、これが「引出物」の語源とされています。当時、贈るものは馬だけでなく、鷹や犬、あるいは衣服などもあったといいます。

鎌倉時代になり武家社会がやってくると、刀剣や弓矢などの武具も引出物に加わり、さらに砂金・銭、鶴・鯉、茶・昆布など、広範な品々が贈られるようになりました。

江戸時代になると、宴席の膳に添えて出す鰹節《かつおぶし》や焼いた鯛、あるいは鯛をかたどった落雁《らくがん》（干菓子《ひがし》の一種）などを「引出物」と呼ぶようになりました。

鰹節は、奈良・平安時代には「堅魚《かたざかな》」と呼ばれ、税として納めていたほど珍重されていたもので、日持ちがよいこともあって、引出物として扱われるようになりました。また鯛も、その姿・形の見事さや、七福神の恵比寿様に抱かれた魚であったことから、縁起の良い引出物とされました。

こうした引出物は土産として持ち帰り、宴に参加できなかった家族たちにも慶事を分かち合ってもらうという配慮もあったようです。

里帰り……………………かつての「足入れ婚」の名残？

昔は、結婚してから三日目か五日目に、「初里帰り」といって、花嫁が婿を連れて実家に帰る習慣がありました。これは、花嫁が婿方に所属したことをあらためて示す意味があり、かつての「足入れ婚」（89ページ参照）の名残ともいえます。

その里帰りには酒や肴《さかな》を持参して行き、嫁方の両親をはじめ近親者たちと酒を酌み交わしながら親交を深めたので、「里開き」「里披露」などとも呼んでいました。

第四章

懐妊・出産のしきたり

医療が発達していなかった時代は、
お産は母子ともに死の危険をともなった一大事でした。
そのためもあって、お産はケガレと考えられ、
妊婦を産屋《うぶや》に隔離し、産神《うぶがみ》に庇護を求めて、祈りを捧げました。
いまでこそ医療技術の発達で、
かつてほどお産は大変ではなくなりましたが、
赤ちゃんの無事誕生と、その後の健やかな成長を祈る思いは変わりません。
そんな思いが、さまざまな懐妊・出産のしきたりとして、
いまなお受け継がれています。

帯祝い

妊娠五か月目の戌の日に、岩田帯を巻く

「帯祝い」は「着帯祝い《ちゃくたい》」ともいい、いずれの言葉もいまではあまり耳慣れませんが、妊娠五か月目に妊婦が「岩田帯」と呼ばれる腹帯を巻き、安産を願うお祝いのことをいいます。この儀式は、妊娠五か月目の戌《いぬ》の日を選んで行います。

なぜ戌の日かというと、イヌが多産で、お産が軽いことにあやかるようにとの願いが込められているからです。また仏教で、イヌは、人の霊魂があの世とこの世の境界で行き来するのを守る役目をすると考えられていたこともあり、江戸時代ごろからこの日に行われるようになりました。

この日のために、妻の実家から岩田帯に使う白木綿《しろもめん》のほか、米や小豆《あずき》などを贈り、「帯役」という子宝に恵まれた夫婦に立ち会ってもらうのが一般的です。当日は、妊婦の下腹部に岩田帯を巻き、家族や親しい人たちとともに、赤飯などを食べてお祝いをします。

岩田帯とは、もともと斎肌帯《いはだおび》から変じた言葉。「斎」は「忌《い》み」という意味で、かつて出産はケガレと考えられ、帯祝いの日から出産の忌みに入るので、この腹帯を肌に着けて

安産を願ったのです。

また、そうした信仰的な理由のほかに、岩田帯はお腹の胎児を守り、妊婦の腰痛や冷えを防ぐという、実用的な役割も果たしています。

へその緒……………………なぜ、大切に保存するのか

病院や産院で無事、出産をすませると、母親の胎盤と胎児のへそをつないでいた「へその緒」(臍帯《さいたい》という)を、桐の箱などに入れて母親に渡します。へその緒は、懐妊中は母親から胎児に送られる栄養補給路であり、生命維持パイプとして、まさに親子の絆の原点ともいえるものでした。

かつては母親が退院して自宅に戻ると、へその緒を乾燥させて、産毛とともに紙に包んで桐の箱に入れ、その箱の表に子どもの姓名・生年月日・両親名を書いて、神棚に供えました。

そして、子どもが成人するまでは守り神として大切に保存し、子どもが大人になってからは、男ならば戦争などに出かけるとき、女ならばお嫁に行くときなどに本人に手渡して

いました。

また、このへその緒は、子どもが大病をしたときに煎じて飲ませると、一命を取りとめるとも考えられていました。

お七夜

七日目に命名式を行うようになったのは？


かつては赤ちゃんの出生七日目になると、夫婦のほかに両家の両親などが集まり、内輪で「お七夜《しちや》」というお祝いをしました。

もともと平安時代の貴族階級では、子どもが生まれた日を初夜、三日目を三夜、五日目を五夜、七日目を七夜、九日目を九夜といって、奇数日に出産を祝う「産立《うぶだち》の祝い」の行事を催していました。

それが江戸時代になると、七夜だけが行事として残り、この日に名づけ披露をして、お七夜と呼ぶようになりました。とくに徳川家では、お七夜を「命名の儀」として、諸大名から祝い品を受けるなどの公式行事としました。その行事が庶民の間にも広まっていったといいます。

命名当日は、奉書紙などの中央に墨で「命名　〇〇〇」と決まった名前を書き、左側に誕生年月日を書き入れて、神棚の下や床の間の柱などに貼り下げるのが通例です。

赤飯　……めでたい席に必ず出される理由

出産に限らず、祝い事があると、必ずといっていいほど出されるのが赤飯でした。いまでも出産祝いのお返しとして赤飯を重箱に詰めて配ったり、結婚披露宴の引出物として折詰にしたりしています。

このように祝い事に使われる赤飯は、古くは鎌倉時代に宮中で三月三日、五月五日、九月九日の節句の膳に、必ず出されました。つまり、古くから「ハレ」の日の食べものだったのです。

赤飯がこうして使われるようになったのは、餅米に小豆を入れて蒸して赤く色づけすることで、かつては広く栽培され、神に捧げられていた赤米《あかまい》の風習にならったからといわれます。また、焼畑農業では二年目以降に小豆を栽培することが多く、米と小豆を混ぜて食べるのが日常的な食生活だったからともいいます。

古くから赤い色には、魔除けの力があると信じられており、そのため、赤飯が慶事などで出されるようになったという説もあります。

一般的に、赤飯は慶事に用いられることが多いのですが、仏事などの際にも赤飯を作る地域があります。また、小豆を炊くと実が割れることが切腹に通じるとして、小豆の代わりに、割れにくいササゲ（豆科の一種）を使ったりする地域もあります。

お宮参り……………………氏神様にお参りをし、氏子の仲間入りをする

生まれた子どもを初めて家の外に連れだし、その健やかな成長を願って、近くの神社などにお参りする儀式を「宮参り」、または「初宮参り」といいます。

かつては、自分の氏神《うじがみ》を祀っている神社に連れていき、新しい氏子《うじこ》（氏神の子孫）として認めてもらうのが習わしでした。「宮参り」を「氏子入り」とか「見参《げんぞ》参り」ともいうのはそのためです。

つまりは、生まれた子どもを、その土地を守る氏神様に認めてもらい、地域社会の一員にするための儀式だったのです。

もともと平安時代には、貴族の間で「歩行初め《ありきぞめ》」という習わしがあって、生後二十日から五十日ごろの子どもを連れて、吉凶の吉の方角（恵方）に住む知人宅を訪ねたのが始まりでした。

それが室町時代になって、後の将軍の足利義満が生まれたとき、幕府の威光を示すために、大がかりな宮参りが行われたのをきっかけに、この行事が一般にも広まったといわれます。

現在の宮参りは、男子が生後三十二日目、女子が生後三十三日目に行うところが多く、地域によっては早いところで七日目（お七夜）に行い、遅いところで百日目に行うなど、全国的に宮参りをする日はまちまちです。

お食い初め……お膳には、歯固めの小石を添える

生まれて百日目に行う儀式が、「お食《く》い初《ぞ》め」です。この儀式は、子どもが一人前の人間として成長し、一生、食べ物に困らぬようにとの願いが込められているといわれます。

初めて母乳以外の食べ物を、箸を使って与えることから、「箸初め」「箸祝い」とも呼ば

れ、地域によっては百日目に行うので「ももか（百日）」ともいいます。

　この日は、子どものために子ども用の新しい茶碗、箸、お膳などを用意します。正式な祝い膳は一の膳、二の膳とあって、一の膳には握り飯、鯉か鯛などの焼魚、それに梅干しと小石を添え、二の膳には紅白の餅を添えます。

　一の膳に使う小石は氏神神社の境内から拾ってきたもので、子どもの名前を書き、お食い初めをしたあとで、拾ってきた氏神に納めます。小石を添えるのは、歯固めの意味が込められているといいます。

　現在のお食い初めは、生後百日から百二十日目ごろに行うのが一般的です。いずれにしても用意した料理はまだ食べられませんから、子どもには形だけ食べるまねをさせて、この儀式を終えます。

初誕生祝い……………かつては、子どもに餅を背負わせた

　生まれて初めて迎える満一歳の誕生日には、昔から夫婦のほかに両家の両親（祖父母）たちも集まって盛大に祝いました。

地方によっては、この日のためについた餅を「力餅《ちからもち》」「一升餅《いっしょう》」などと呼び、これを踏ませたり、風呂敷に包んで子どもに背負わせて歩かせたりする風習があります。あまりの重さに子どもが泣くと、泣けば泣くほど元気な子どもになるとして祝い、「立ったら餅」「ぶっころばし餅」などともいいました。

このような風習は「歩き祝い」とも呼ばれ、一説では、早く一人歩きができるようにとの願いが込められているといいます。他方、初誕生日前にあまり早く歩きだすのを嫌う風潮があったためともいわれます。いずれにしても、子どもの健やかな成長を願っての行事には変わりありません。

ちなみに、かつての初誕生祝いのお膳には、餅のほかに、赤飯や尾頭つきの鯛などを用意しましたが、最近の初誕生祝いでは、すっかりバースデイケーキに取って代わられています。

第五章

祝い事のしきたり

日本人は季節の節目だけでなく、
年齢に応じた人生の節目、節目を大切にしてきました。
子どもが成長し、大人になるための通過儀礼として、
七五三や成人式（元服《げんぷく》）などがあり、
また、長寿を祝い、年長者に敬意を表する意味で、
還暦や古希《こき》のお祝いなどを行ってきました。
さまざまな伝統、習慣が忘れられゆくなかで、
そこに込められた意味をもう一度見直し、
日本人の豊かな人生観を思い返していきたいものです。

七五三

どうして三、五、七歳なのか

七五三は、十一月十五日に、三歳になった男児・女児、五歳になった男児、七歳になった女児の成長を祝い、晴れ着を着せて氏神を祀っている神社に行き、お祓いを受ける行事です。男女の区別をせず、男児・女児とも三回すべて行うところもありますし、三歳では女児だけを祝う地域もあります。

かつては正月の吉日か子どもの誕生日などに行われていましたが、江戸時代になり、徳川綱吉の子どもである徳松君の祝いを天和元年十一月十五日に行ったことから、以後、この日になったといいます。

また、十五日は、七と五と三を足すと十五になることと、この日は満月であり、鬼が出歩かない鬼宿日《きしゅくび》であることが重なっているため、最吉日とされているからともいいます。

この儀式は平安時代に由来するといわれ、三歳になると男女とも、おかっぱ髪から初めて髪を伸ばして結髪《けっぱつ》をする「髪置《かみおき》の儀」をしました。また、五歳になると、男の子に初めて袴を着せて碁盤の上に立たせる「袴着《はかまぎ》の儀」が行われ、七歳になった女の子には、それまでの紐《ひも》付きの着物から、初めて帯を結ぶ「帯解《おびとき》の儀」「帯直しの祝い」を行ったことが、七五三の原型と考えられています。

また、かつては「七歳までは神のうち」といわれるほど、七歳までの死亡率が高かったことから、七歳まで無事に生きてきた子どもの成長を、氏神に見せて感謝する意味もあったということです。

ちなみに、七五三に欠かせない千歳飴《ちとせあめ》は、もとは江戸の浅草寺境内で売られていたものが、全国的に普及しました。千歳飴とは「千年生きる」、つまり「長生き」を表した名前であり、その形は細く長く、めでたいとされる紅白に着色されています。

近年は十五日に限らず、十一月中の休日や祭日に行えばよいとなっており、神社も家の近くの氏神にこだわらず、有名神社に出かける人が増えてきています。

十三参り……十三歳でお参りしていた目的とは?

「十三参り《じゅうさんまい》」とは、数え年で十三歳になった男女の通過儀礼として、旧暦の三月十三日前後に、虚空蔵菩薩《こくうぞうぼさつ》を安置しているお寺に親子でお参りする行事です。

虚空蔵菩薩とは、虚空を蔵《くら》としているかのように、計り知れない知恵と福徳をもたらす菩薩で、十三番目に生まれた菩薩だったため、十三歳になった子どもを連れて、十三日にお参りするようになりました。

この十三参りは、いまではほとんど見られなくなりましたが、子どもに知恵と福徳を授けてもらう目的で、江戸時代はさかんに行われたといいます。

十三歳という年齢は干支《えと》では二順目（年男）に当たり、男の子にとっては元服前の「半元服の祝い」という意味もありました。

また、女の子は初潮の時期と重なるころなので、十三歳を成女とみなして、初めて本縫いの着物を着せてお参りをしました。さらには、十三歳を子どもの厄年《やくどし》とする考え方もあり、その厄落としの意味もあったようです。

成人式
大人の仲間入りをする「元服の儀」が由来

現在は、男女とも十八歳になると成人と認められます。一月十五日を「成人の日」として国民の祝日にしたのは一九四八年からで、旧暦のこの日に「元服《げんぷく》の儀」を行ったことが由来です。いまは一月の第二月曜日に変わっています。

日本では、古くから男子が大人の仲間入りをする通過儀礼が行われていました。すでに六八二年（天武十一年）には儀式として制定されており、奈良時代以後は「元服」と呼ばれるようになりました。

元服の「元」は首、「服」は着用するという意味であり、宮廷や貴族たちの社会では、だいたい十三歳から十五歳くらいになると、元服して少年の髪型を成人のものに変え、冠をかぶり、着るものも成人の服装に変えたのです。

中世以後の武家社会では、およそ十五歳になると男子には元服の儀式があって、それまでの童名《どうみょう》（幼名のこと）から大人の名前に変わり、烏帽子《えぼし》という冠を被ることになっていました。

この儀式では、父親や、烏帽子親と呼ばれる人に烏帽子を被せてもらい、彼らから一字をもらって改名します。この烏帽子親は、長老や有力者などに頼むのが習わしでした。

やがて江戸時代になると、烏帽子を被る習わしはなくなりましたが、貴族や武士にならって庶民の間でも、十八、九歳で元服が行われるようになっていきました。

一方、女の子の場合は、十三歳ごろから初潮を迎えるなど、生理的に大人の条件を備えてくるので、平安時代中期には十三歳から十六歳ごろになると、垂らしていた前髪を結い上げて髪上げをし、裳《も》（正装の際に着ける衣）を着て、お歯黒をし、眉墨《まゆずみ》を描くことなどが許されるようになりました。

鎌倉時代以降は、成人女性と認められると、留袖《とめそで》を着るようになり、江戸時代には、裳を着たり、お歯黒や眉墨をするのは結婚後となるなど、時代によって女性の大人入りはかなり変化していきます。

いずれにせよ、かつての日本では、男は十五歳くらいから、女は十三歳くらいから大人扱いされていたのです。

還暦の祝い

なぜ還暦というのか

長寿を祝う風習は奈良時代ごろからあって、当時は貴族の間で行われており、室町時代にはすっかり定着しました。「人生五十年」とはいったものの、昔は短命で、平均寿命が四十歳くらいだったため、四十歳になると一族が集まって祝宴を開き、その後も十年ごとに「年祝い」をしたといいます。

江戸時代には数え年で六十歳になると、公私ともに隠居するようになり、六十一歳の「還《かん》暦《れき》の祝い」が人生のケジメとなりました。

現在は、満六十歳で還暦を迎えますが、昔は数え年で年齢を数えていたため、六十年で一巡する十干十二支《じっかんじゅうにし》（26ページ参照）が、六十一歳でふたたび生まれた年の干支《えと》に戻ります。そこから「還暦」ということになりました。

そこで、この年齢に達すると一族が集まって「生まれ直すこと」を祝い、赤ちゃんのときに着ていたような赤い頭巾《ずきん》と赤いちゃんちゃんこを贈って、無病息災と長寿を祝福したのです。

注　数え年

現在のように当人の誕生日になって一歳を加えるのではなくて、生まれた年の十二月までを一歳として、年が改まるたびに一歳を加えた年齢の数え方。その年の一月に生まれた人も、十二月に生まれた人も、年を越すと同じ二歳と数えられた。

長寿の祝い

古希、喜寿、傘寿のいわれは？

還暦に続く長寿の祝いは、七十歳を祝う「古希《こき》（稀）」で、これは中国の詩人・杜《と》甫《ほ》の「曲江詩」の一節にある「人生《じんせい》七十《しちじゅう》古来《こらい》稀《まれ》なり」にもとづいています。

　七十歳のお祝いの次は、七十七歳の「喜寿《きじゅ》」の祝いで、「喜」の略字である「㐂」が、七を重ねて見えるところから来ています。

以降、八十歳の「傘寿《さんじゅ》」

【年齢ごとの長寿の祝い】

古希《こき》（七十歳）	中国・唐の時代の詩人、杜甫の詩「人生七十古来稀なり」による
喜寿《きじゅ》（七七歳）	喜の草書体の略字が七を重ねたように見えるから
傘寿《さんじゅ》（八十歳）	傘の略字が八十と読めるから
半寿《はんじゅ》（八一歳）	半の字が八十一から成り立っているから
米寿《べいじゅ》（八八歳）	米の字が八十八から成り立っていることから。米の祝いともいう
卒寿《そつじゅ》（九十歳）	卒の略字が九と十と書くことから
白寿《はくじゅ》（九九歳）	百の字から一を取ると「白」になるから
上寿《じょうじゅ》（百歳）	人の寿命を上（百歳）、中（八十歳）、下（六十歳）に分けると、上が最も長寿であるという意味から
茶寿《ちゃじゅ》（百八歳）	茶の字が十が二つと八十八から成り立っていることから
皇寿《こうじゅ》（百十一歳）	皇の字が、百から一を取った白と、十と二から成り立っていることから

は、「傘」の略字が「仐」と八と十に見えることに、八十八歳の「米寿《べいじゅ》」は、「米」の字が八十八に見えることに、九十歳の「卒寿《そつじゅ》」は、「卒」の略字が「卆」と九十に見えることに由来します。九十九歳の「白寿《はくじゅ》」は、「百」から「一」を取ると「白」になることから来ています。

地鎮祭……………新築工事に先立ち、土地の神霊を鎮める

日本では古くから、家を建てたり、土木工事をしたりする前に、必ず「地鎮祭《じちんさい》」を行ってきました。

この儀式を行うわけは、作業をするに当たって、その土地のケガレを清め払って、土地に宿る神霊を鎮めるためで、作業にとりかかる前の、いわば安全祈願のお祭りです。日本には八百万の神がいるといわれるように、どの土地にも神が宿っていると考えられたのです。

現在でも、家や建造物を新築する際には、神主を呼んで地鎮祭を行うことが多いようです。それどころか、最先端の工場などを建てるときでも、やはりこの古くからの地鎮祭を

行うことが多くあります。

もともと平安時代は、陰陽師《おんみょうじ》と呼ばれる吉凶や災難などを占う呪術師が行っていましたが、明治以降、陰陽師に代わって神主が中心に行うようになり、現在に至っています。

地鎮祭は建設予定地の一部の四隅に青竹を立て、しめ縄を巡らせ、中央に砂を盛り、その前に祭壇を設けてお神酒《みき》・米・魚・野菜などを神霊に供えます。

そして神主が祝詞《のりと》をあげ、参列者にお祓いをし、お神酒《みき》を盛り砂の上にかけると、続いて施工主がそこに鍬《くわ》入れをします。この鍬入れは、神霊の守護のもとで地面を掘り起こすという意味があります。

最後に、施工主や家族・建築関係者たちが神霊に玉串を供えて地鎮祭の儀式を終え、その後は建築関係者たちに施工主や家族も加わって、祝宴となるのが通例です。

注　玉串
サカキの枝に紙垂《しで》（白紙を交互に切り裂いたもの）をつけて、神前に捧げるもので、語源は「手向串《たむけぐし》」。玉串を捧げることが、神に誠心を誓う表明であり、神人合一《しんじんごういつ》のしるしとした。

棟上式

建物の完成間近に行う感謝の儀式

家の骨組みができあがって、いよいよ柱や梁《はり》の上に棟木《むなぎ》を上げる際に、「棟上式《むねあげしき》」（上棟《じょうとう》式《しき》ともいう）を行います。木造の家では棟木が屋根を支える重要な役割であることから、こうした儀式が生まれました。

足場のよい玄関や廊下などの部分に簡単な祭壇を作り、そこに野菜・酒などと洗い米・塩を盛った皿を用意します。そして、幣串《へいぐし》と呼ばれる魔除けの飾りを、縁起の良い方向（恵方）にある棟木の支柱にしばりつけ、屋根を葺《ふ》くときまで飾っておきます。

棟上式は、建築が完成間近まで進んだことを土地の神霊に報告して、感謝するための儀式です。本来は神主を招くのが正式ですが、最近では神主を招かずに、大工の棟梁《とうりょう》が中心となって、現場で作業したとび職や左官たちの手で行うことがほとんどです。

式後は現場ににわか誂《あつら》えの机を作り、酒宴を催すのが一般的です。このとき、施工主は祝儀を用意して酒宴に加わり、棟梁はじめ現場で頑張ってくれた職人たちに祝儀を渡してその働きを労い、もてなし役に回ります。

第六章

贈答のしきたり

贈り物というと、まずお中元やお歳暮が思い浮かびます。
いまではなかば形式化した習慣になっていますが、
そもそもこうした贈答の習慣も、
日本特有の信仰心に端を発していました。
また、贈答品に添える「のし」や「水引」も、
たんなる飾りではなく、
本来は贈る側の深い思いが込められていたのです。

中元

本来は、贈答を意味する言葉ではなかった

現在、「中元」というと、日ごろお世話になっている人に対して、夏のあいさつをかねて品物を贈ることをいいますが、もともと中元とは七月十五日のことを指しました。

中国の道教の暦法では、三元の一つを「中元」といい、ほかに一月十五日の「上元《じょうげん》」、十月十五日の「下元《かげん》」がありました。その後、道教と仏教の共通の祭日となって「三元節」と呼ばれるようになり、七月十五日の中元には盂蘭盆会《うらぼんえ》の仏事が、寺院などで盛大に行われるようになったといいます。

そして仏教が日本に伝わると、七月十五日の中元の盂蘭盆会がお盆の行事となり、祖先へ供物を捧げるのと同時に、子どもから親に魚なども贈るようになりました。しかし、このころまでの贈答は家族間に限られていました。

お中元が現在のように仕事関係など、お世話になった人に広く贈られるようになったのは、明治三十年代のこと。百貨店などが売り上げの落ちる夏の時期に大売り出しを行ってから、お中元の贈答習慣が毎年、夏に定着したといわれます。

現在は、七月初めから七月十五日までに、お中元を贈るのが一般的です。七月十五日を過ぎた場合には、表書きを「御中元」と書かずに「暑中見舞い」とし、八月七日ごろの立秋を過ぎた場合は、「残暑見舞い」と書くのが習わしです。

歳暮……………塩ザケがとくに選ばれた理由

中元と同様、「歳暮」も本来は「年の暮れ」という時期を指す言葉でしたが、やがて年末に贈る贈答のことをいうようになりました。

もともとは年の暮れに、年神様や祖先の霊に供える米、餅、魚などの供物を、家族で持ち寄ったことに始まります。

それが、正月を前にして仕事などで帰省できない子どもや遠方の親戚たちが、祖先の霊を守る本家の祭壇などに供えてもらうため、供物を贈るようになりました。それとともに、親たちの長寿も願ったのが、お歳暮という習慣に変わっていきました。

かつては、お歳暮といえば、主として塩ザケや塩ブリなどの魚が多く贈られました。こうした魚は「年取り魚」といわれ、年越しの食膳に必ず出されたうえ、塩引きなどの処理によって長期の保存ができたため重宝されたのです。

こうしたお歳暮の習慣はやがて、日ごろ、お世話になっている親類や上司などにも贈られるようになり、現在に至っています。

お歳暮を贈る時期は、十二月上旬から二十日ごろまでが一般的です。この時期に贈ることができなかった場合は、新年になってから表書きを「御年賀」として贈ります。

贈答品の包装

慶事は二枚重ね、弔事は一枚で

現在、贈答品を贈る場合は、たいていデパートや商店などで求め、包装から何から、お店のほうで行ってくれることがほとんどです。そのため、贈答品の包装のしかたも忘れられがちですが、包み方としては、慶事と弔事の場合で使い分けるのが正式です。

まず包み紙の枚数ですが、婚礼など慶事のときは包み紙を二枚重ねて包みます。小さな品物の場合にも、一枚の包み紙を二つ折りにし、折り目を切って二枚にしてから包みます。

一方、弔事のときは「不幸が重ならないように」と、包み紙は一枚だけにします。

また包み方は、慶事のときは品物を包み紙の上に置いて、まず左から折り、次に右を折って左の上にかぶせる、つまり右上にして包みます。しかし、弔事のときは、慶事とは逆の折り方で包み、左上にします。弔事は非日常的な出来事であり、それを示すために、通常とは逆の包み方をするのです。

これは、現金を包む場合も同様で、慶事のときは二枚で包むのに対して、弔事のときは一枚で包みます。

水引 なぜ進物に紐をかけるのか

「水引」は、丁重な贈り物をする際の包み紙にかけたり、結んだりする紙紐《かみひも》のことです。水引は、神に進物《しんもつ》を供える際にかけた「しめ縄」が変化したものとされ、「水のりを引く」という語源に由来します。水引はもともと、和紙をこよりにして、これに米のりを引き、それを乾かして作っていたためです。

室町時代には、進物に白い紙をかけ、「水引」で結んで「のし」をつけるのが贈答の正式な儀礼になりました。さらに、江戸時代には進物の目的によって、水引の色や結び方などを変えるようになりました。

一般的に慶事のときは紅白、あるいは金銀、金紅二色などの水引を、三本または五本にして使います。一方、弔事のときは黒白、あるいは藍白二色、白一色、銀一色などの水引を、二本または四本にして使います。

結び方も、何度あってもうれしい祝事の場合は、結び直しのできる「蝶結び」などにします。これに対して、結婚や弔事などは、「二度はないように」という意味で「結び切り」や「あわび結び」にします。

【「水引」の結び方】

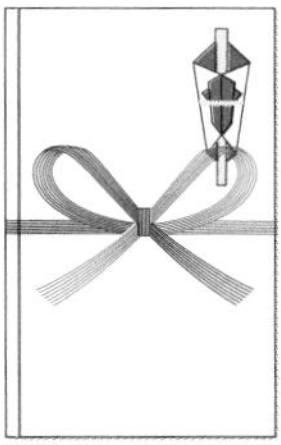

蝶結び

祝い事や日常の贈り物など、
何度あってもめでたい場合

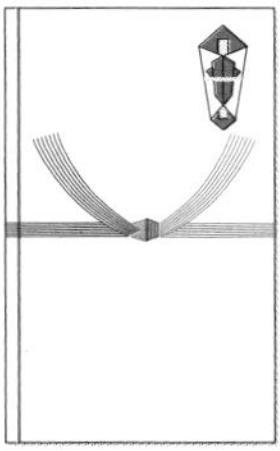

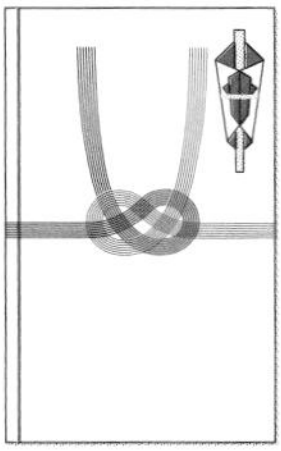

結び切り　　**あわび結び**

結婚や忌事など、二度はないよう
にと願う場合

のし……………………原型は、祝儀用に添えた「熨斗アワビ」

「のし」は水引と同様に、丁重な贈り物をする際に、包装した品物の右上に貼りつけて、進物の印とするものです。

「のし」とは「熨斗《のし》アワビ」の略で、「熨斗」とは「火熨斗」のこと。火熨斗とは、炭火の熱で布地を伸ばしたりした昔のアイロンのことで、つまりかつては、アワビの肉を薄く切り、火熨斗で伸ばしたものを使っていたのです。

進物にのしアワビを添えることが、仏事や弔事などの不祝儀ではなく、祝儀用の生臭物であることの印だったのです。

アワビは古くから高貴な品とされており、平安時代には祭祀《さいし》のときにアワビを神饌《しんせん》（神への供物）として供え、さらに鎌倉時代以降になると、貴族や武家の間で祝儀やお祝いの贈答品に、生のアワビを添えるようになりました。

やがて、生のアワビではなく、アワビを乾燥して伸ばした「のしアワビ」で代用するようになり、さらにアワビの代わりに黄色い紙片を用い、それを紅白の紙で包んで添えたりするなど簡略化されていきました。

現在ではさらに簡略化されて、祝儀袋には「水引」と「のし」の両方がすでに印刷されていたりします。

ちなみに、魚介類や肉類のような生臭物の贈り物には、すでに中身が生臭物なので、のしをつけません。また、弔事の不祝儀袋には、のしをつけないのが決まりです。

贈答品の表書き

正しくは品名と数量を記すためのもの

昔は贈り物をするとき、品物に内容を明記した目録を添えました。その目録を略して、包装紙に品名と数量を書いたものが「表書き」でした。例えば「御海苔　五帖」などと贈る内容を書き、その左下に贈る人の氏名を記すのが礼儀だったのです。

このように表書きは、かつての目録を省略したものですから、本来は贈る品物名を書くべきですが、現在は「御中元」「御歳暮」などと書くか、表書きを印刷した紙を貼ってすませるようになっています。

また、慶弔の場合には、祝儀袋・不祝儀袋に現金を入れて贈ることが多くなっていますが、その際には贈る側の意図がわかるような表書きをするのが一般的です。これはいずれも「品物の代わりに持参しました」という意味が込められています。

例えば、慶事の際には「御祝」「寿」「酒肴料《しゅこうりょう》」などと書き、謝礼を差しあげる際には「御礼」「薄謝」などと書きます。ちなみに、目下の者に謝礼を差しだす際には「寸志」です。

弔事の場合は、相手が信仰する宗教によって異なります。例えば、仏教では「御霊前」（通夜から四十九日前まで）「御仏前」（四十九日以降）「御香典」「御香料」などとし、神道では「御神前」「御神饌料《ごしんせんりょう》」「御玉串料」、キリスト教では「御花料」などと表書きします。

また、葬儀などで相手の宗教がわからない場合、

【用途別の表書き】

慶事、祝い事	御祝、寿、酒肴料
謝礼	薄謝、御礼 寸志（目下の者へのみ）
仏式の葬儀	御霊前、御仏前、御香典、御香料
神式の葬儀	御神前、御神饌料、御玉串料
キリスト教式の葬儀	御花料
僧侶への謝礼	御布施

キリスト教でも神道でも使えるのが「御霊前」です。ただし、仏教の宗派の一つである浄土真宗では「御霊前」を使わないので、仏教のお葬式で宗派がわからないときは「御香典」にしておくのが無難です。

なお、毛筆で表書きをする場合に、慶事のときは墨を濃くして書き、弔事のときは墨を薄くして書くという習わしがあります。

とくに弔事に薄墨を使うのは、薄く書くことで悲しみを示すためといいます。この場合には、表書きだけでなく会葬御礼の封筒や、葉書の黒枠なども、薄墨のものにします。

注　御霊前、御仏前
仏教の多くの宗派では、亡くなってすぐの故人は「霊」になり、四十九日目以降に「仏」となるとされている。そのため、四十九日前までは「御霊前」、それ以降は「御仏前」を使う。一方、浄土真宗では亡くなってすぐに仏様になるとして「御仏前」を使う。「御香典」「御香料」は宗派に限らずいつでも使える。

第七章

手紙のしきたり

電子メールなどが普及したとはいえ、
手書きの手紙には、それらにはない魅力があります。
現代のような伝達手段が発達していなかった時代、
日本人は手紙のやりとりを非常に大事にしてきました。
時候のあいさつや、拝啓（頭語《とうご》）と敬具（結語《けつご》）など、
日本の手紙には伝統的にいくつかの約束事があります。
しかし、それらは本来、決して堅苦しいものではなく、
そこに日本人ならではの細やかな心遣いが込められていたのです。

手紙と葉書

葉書はあくまで便宜的なものだった

現在のように電話や電子メールなどがなかった時代には、手紙が唯一の伝達手段だったため、古くから手紙のやりとりが重視されてきました。

とくに礼儀を重んじる日本人にとって、手紙は書式をはじめ、文体、言葉遣いなどにも、細かな心配りをして書いていました。

元来、手紙とは封書のことを指します。葉書は近代になって使われだした略式な手紙ですので、出す相手と書く用件によって、区別するのがいいでしょう。

葉書は「端書」とも書くように、「端」である紙片に書きつける覚書の意ですから、簡潔に用件を伝える場合などの便宜的な手段として利用します。

基本的に、目上の人に葉書を送るのは失礼とされていますが、緊急の用事やさっと用件だけを伝えたいときは、葉書のほうが便利なこともあります。例えば、ちょっとした贈り物をいただいたときに、手紙で丁重なお礼を述べるのはそぐわないものです。

葉書を書くときは、手紙と違って、時候のあいさつなどを長々と述べず、簡潔にして、すぐに用件に入ります。場合によっては、頭語を「前略」とし、いきなり用件に入ってもかまいません（頭語と結語については140ページ参照）。

表書き……「様」「殿」「御中」は、どう使い分けるべきか

手紙や葉書を送る際、相手の名前のあとに、どのような敬称をつけるかは、相手の地位や送る側の立場などによって異なります。

もっとも一般的な敬称は「様」で、相手が目上、同輩、目下、男女に関係なく使います。「殿」は公文書やビジネス文など改まった形で相手に手紙を出す場合に用い、また、父親が自分の子どもに出すときにも、「殿」を使うのが一般的です。

「御中」は、相手が個人でなく、会社や組織、団体などの場合に使うもので、「その組織・団体のどなたかに」という意味があります。ですから、「○○会社御中　△△△様」と書くのは間違いで、担当者の名前を書く場合は、「○○会社　△△△様」となります。

「各位」は相手が個人ではなく、複数の人に出す際に用い、例えば「同窓生各位」などとします。

また、手紙を受け取る人に「様」「殿」をつけるほかに、さらにその左下に「脇付け」を書き添えることがあります。脇付けは、相手に対する敬意をより表すもので、「侍史《じし》」「机下《きか》」「御前《おんまえ》」「御許《おんもと》に」などがあります。

「侍史」はお付きの人のことで、「直接渡すのは恐れ多いので、おそばにいる人を通してお送りします」という意味、「机下」は同様に直接渡すのではなく、「机の下に置かせていただきます」という意味です。「御前」「御許に」は、ともに「お手元に」といった意味で、女性が目上の人に対して使います。しかし、最近ではめったに脇付けを見かけなくなりました。

手紙を受取人自身に開封してほしいときには、封筒表の左下側に赤字で「親展」と書きます。親展の「親」は「自ら」、「展」は「開いてください」という意味です。

裏書き……差出人の名前はどこに書くのが正式？

手紙の裏書きは、差出人の住所を書いて、その左側に名前を書きます。その位置は、名前が中央の封書の継ぎ目の上にくるように書くのが正式です。しかし、書きにくい場合は、継ぎ目の右側に住所を書き、左側に名前を書いてもかまいません。

また、手紙を入れて封をした際に、その境目に「〆《しめ》」「封《ふう》」「緘《かん》」などと書くのが、古くからの習わしです。一般的には「〆」が使われており、慶事の手紙では「寿」「賀」などと書くこともあります。

頭語と結語①……「拝啓」で始めて「敬具」で締める意味は?

日本では、手紙文を書く際に、頭語《とうご》（冒頭に書く言葉）と結語《けつご》（結びに書く言葉）を入れるのが一般的です。

例えば、「拝啓」で始めて、「敬具」で締めるのが頭語と結語の組み合わせです。「拝啓」は、「拝＝つつしんで」「啓＝申しあげる」という意味で、「敬具」は、「敬＝つつしんで」「具＝申しあげました」という結びになります。

手紙を出す相手が媒酌人や恩師といった大切な人の場合には、より丁寧な頭語と結語を使います。例えば、「謹啓《きんけい》」→「敬白」などで、「拝啓」→「敬具」と意味は同じですが、より一層、丁寧な表現になります。

ちなみに、急用の手紙の場合には「急啓」→「草々」などと書き、時候のあいさつを簡潔にして、すぐ本題に入ります。時候のあいさつを省略する場合は、頭語を「前略」「冠省《かんしょう》」などと書き、結語は「草々」などで結びます。「草々」とは、「ぞんざいな走り書きで、失礼します」という意味です。

また、死亡通知やお悔やみなど弔事の手紙には、頭語のほか、時候のあいさつも一切省くのが習わしで、いきなり「このたびは……」などと用件に入ります。「敬具」などの結語は、使ってもかまいません。

頭語と結語②……なぜ、女性の手紙は「かしこ」で締めるのか

女性が手紙を書く場合は、「拝啓」や「謹啓」といった頭語はあまり使わず、「一筆申し上げます」などというような頭語で始め、結語も「敬具」などではなく、「かしこ」で終わるのが一般的です。これには理由があります。

平安時代初期までは、おもに男性は、漢文調の文体で手紙を書いており、そのような文体は「男手《おとこで》」と呼ばれました。平安中期以降になると、仮名文との併用が始まり、漢字仮

名まじり文も使われるようになりました。

やがて「候文《そうろうぶん》」と呼ばれる文体が用いられるようになって、「御座候《ござそうろう》」「御参らせ候」などと、「候」が手紙に多用され、鎌倉、室町、江戸時代でも、男の手紙文の基本は「候文」になりました。

ちなみに、当時は巻紙に毛筆で手紙を書いていたため、句読点をつけませんでした。「候」がいわば句読点代わりで、現在でも、とくに儀礼的な手紙や、弔問に対する会葬状などでは、句読点をつけないことが多いようです。

一方、仮名文字が生まれると、初めは貴族や学問僧の間で使われていましたが、やがて女性が手紙を平仮名で書くようになりました。平仮名は、流麗《りゅうれい》で女性らしい文字から「女手《おんなで》」「女文字」などと呼ばれ、男性の文体と区別されました。

現在でも、女性の手紙の終わりに「かしこ」と書くのは、そのときの名残です。「かしこ」とは「恐れ多い」という意味の「畏《かしこ》し」の語幹で、「可祝」「かしく」とも書き、「これで失礼します」といった意味になります。

ただし現在では、とくに仕事関連の手紙においては、１４３ページ上段の頭語・結語も男女の別なく使われています。

【「頭語」と「結語」の使い方】

	頭語	結語
一般的な手紙の場合	拝啓、拝呈、啓上	敬具、敬白、拝具
丁寧な手紙の場合	謹啓、恭啓、謹呈	謹言、謹白、敬白
略式の手紙の場合	前略、冠省、略啓	草々、早々、不一
緊急の手紙の場合	急啓、急呈、急白	草々、不一、不備
面識のない相手への手紙の場合	拝啓、拝呈	敬具、謹言
返信の場合	拝復、復啓	敬具、敬白
再信の場合	再啓、追啓	敬具、拝具

【女性が使う「頭語」と「結語」】

	頭語	結語
一般的な手紙の場合	一筆申し上げます	かしこ
丁寧な手紙の場合	謹んで申し上げます	かしこ
略式の手紙の場合	前文お許し下さい	かしこ
緊急の手紙の場合	とり急ぎ申し上げます 前略ごめんください	かしこ
面識のない相手への手紙の場合	初めてお手紙を差し上げます 突然お手紙を差し上げる失礼をお許し下さい	かしこ

時候のあいさつ

「頌春」「啓蟄」などの慣用句の意味

四季の変化に富んだ日本では、季節に対する感性が磨かれていきました。日本人は季節の移り変わりにとりわけ敏感で、手紙でも、四季折々の情景を折り込んだあいさつで始めるのが、習わしとなっています。

しかし、手紙の冒頭で使われる時候のあいさつは、現在の季節感とは多少、ズレがあります。それらは、睦月《むつき》、如月《きさらぎ》といった旧暦の月の呼称や、小寒、大寒といった二十四節気（22ページ参照）にもとづいているので、例えば、猛暑の日が続いていても、八月になれば「晩夏の候」と書いたりします。

また、時候のあいさつで使われている言葉そのものが、現在では、日常的にあまり使われなくなっているものも少なくありません。

例えば、一月の手紙や年賀状では「頌春《しょうしゅん》」と書くことがあります。この「頌」は「讃える」ということで、「頌春」は「新春を迎えたことを讃える」という意味です。また、三月の時候のあいさつである「啓蟄《けいちつ》」は、「冬ごもりをしていた虫が、地上に出て活動を始

【時候のあいさつの例】

1月	寒さがいっそう身にしみる昨今ですが、 凛とした冷たい空気に、風花が美しく輝くこの頃、
2月	梅のつぼみもほころぶ季節となりましたが、 三寒四温の候、体調管理が難しいものですが、
3月	春とはいえまだまだ冷え込む日も少なくありませんが、 日ごとに春の訪れを感じるようになりましたが、
4月	花冷えの日が続いておりますが、 色とりどりの花が咲きそろう季節となりましたが、
5月	木々の葉が青々と生い茂り、目にもあざやかなこの頃、 すがすがしい初夏の風に吹かれ、心はずむ季節となりましたが、
6月	紫陽花が美しく咲く季節となりましたが、 降り続く長雨に、日の光が恋しいこの頃ですが、
7月	いよいよ夏本番を迎え、うだるような暑さが続きますが、 空の青さが夏らしく輝きを増してきましたが、
8月	強い日差しに向かって向日葵《ひまわり》が元気に咲いていますが、 吹く風にいくぶん涼しさが感じられるようになりましたが、
9月	残暑もやわらぎ、さわやかな秋風が吹くこの頃ですが、 ひと雨ごとに涼しくなってまいりましたが、
10月	あちらこちらから紅葉便りを耳にするようになりましたが、 抜けるような青空のすがすがしい季節ですが、
11月	朝晩の冷え込みが、日ごとにきびしくなってきましたが、 降り積もった落ち葉に、過ぎ行く秋を感じますが、
12月	年の瀬も押し迫り、何かと慌ただしい時期ですが、 木枯らしが吹き、寒さが身にしみる季節となりましたが、

める時期」という意味ですが、「頌春」とともに、現在では手紙以外では、あまり使われなくなりました。

ですので、こうした慣用句にとらわれることなく、現代ならではの季節感を盛り込んで書くのもいいでしょう。最近では手紙よりも、メールでのやりとりが主になっていますが、メールの場合も、改まった内容のときには最初に一言、時候のあいさつを入れると、丁寧さが表現されていいものです。

年賀状

新春にあいさつ状を送る理由

古くから年頭には、祝賀を交換する習わしがありました。やがて年賀のために、元日に上司や目上の人などの家々を回るようになり、年賀を受ける側も、酒・肴・雑煮などを用意して、もてなすようになりました。そして、年賀に行けない人は、年賀のあいさつを手紙に書いて送っていました。これが、現在の年賀状の習慣に引き継がれています。

現在、年頭の祝賀は、年賀状だけですませることが多くなっていますが、この際、「謹啓」「拝啓」といった頭語は不要で、「賀正」「謹賀新年」などと書きだし、続いて年賀のあいさつを述べます。結語も不要です。ちなみに、最後の日付を「一月元旦」と書く人がいますが、「元旦」とは「一月一日の朝」のことですから「一月」は不要です。

年賀状を送る期間は、遅くなっても松の内（七日）までとされており、それ以降になる場合は「寒中見舞い」と書きだして、遅れたお詫びを一言添えます。

暑中見舞い……………………贈答の習慣が簡略化されたもの

暑中見舞いは、もともとお盆の贈答の習慣が簡略化されたものです。かつては、お盆（現在の七月十五日前後）に里帰りする際、祖先の霊に捧げるための物品を持参する風習がありました。それが、しだいにお世話になった人全般への贈答の習慣になりました。

その際、本来は直接訪問して届けるのが一般的でしたが、やがて簡略化され、手紙ですませるようになったのが、現在の暑中見舞いです。

暑中見舞いは、二十四節気の「小暑」（七月六日ごろ）から「立秋」（八月七日ごろ）にかけて贈るのが通例で、立秋を過ぎたら「残暑見舞い」とします。

ちなみに、お盆の贈答の習慣は、お中元へと受け継がれていきました。

手紙の禁忌言葉

手紙で使ってはいけない言葉とは?

日本は言霊《ことだま》の国であり、言葉の持つ意味に対してとりわけ敏感なため、手紙のなかでも忌み言葉を避けてきました。例えば、慶事の手紙を送る際、結婚に関する手紙には「別れる」「切れる」「去る」「離れる」などといった表現を使わないようにしますし、出産を祝う手紙では「流れる」などといった表現を避けるようにしました。たとえ悪意がなくても、「月日の流れるのは早いもので……」などといった表現は避けてきたのです。

祝賀一般の手紙では、「朽ちる」「古い」「乱れる」などと書いたり、新築や開店に関する手紙に「火」「散る」「燃える」「倒れる」などと書くのもタブーです。

慶事の際だけでなく、弔事の際にも忌み言葉があります。例えば、不幸が重なるという意味で「くれぐれも」「重ね重ね」などの繰り返し言葉や、「また」や「再び」「続いて」など不幸の再来を連想させる言葉は、注意して書かないようにします。

忌み言葉ではありませんが、手紙の文中で、人の名前や地名といった固有名詞が二行にまたがるのは避けるとされてきました。言葉が割れて、縁起が悪いと考えられたためです。

第八章

葬式のしきたり

人間は生まれてから死ぬまでの間に、多くの儀式を経験します。
冠婚葬祭はその代表的なものですが、
なかでも「慶事と弔事が重なるときは、弔事を優先しろ」といわれるくらい、
死者を弔《とむら》い、冥福を祈ることは重要と考えられてきました。
死者を弔うにあたっては、宗派の別なく、多くのしきたりがありますが、
いずれも日本人ならではの
宗教観、祖霊信仰が形となって表れているものです。

末期の水

なぜ、死者に水を含ませるのか

人生の臨終期を迎えて医師などから死の宣告を受けると、「末期《まつご》の水」といって家族や兄弟姉妹などの近親者が血縁の濃いほうから順番に、脱脂綿やガーゼを水に浸して亡くなった人の唇につけてあげます。

末期の水は、もともと仏教では「死に水」といい、〝あの世〟では食事をしたり、水を飲むことができなくなると考えられていることによります。そこで死に際して、水をとらせて冥土に送りだすという思いが込められており、〝この世〟に残る者たちとの最後の別れの儀式でもあるのです。

死装束

着物を左前に着せるワケは？

末期の水がすむと、ガーゼや脱脂綿をぬるま湯かアルコールで湿らせ、遺体を拭いて清めます。これを仏教では「湯灌《ゆかん》」といい、昔は家族たちが遺体をたらいに入れて、ぬるま湯で洗い清めましたが、最近では葬儀社が取り仕切ることが多くなっています。

湯灌がすむと女性ならば薄化粧をし、男性ならばヒゲを剃るなどの死化粧をして、遺体に「死装束《しにしょうぞく》」を着せます。

昔の死装束は、袷《あわせ》の小袖や帷子《かたびら》を着せました。また、仏教では極楽浄土へ旅立つということから、白の手甲《てっこう》、脚絆《きゃはん》、草鞋《わらじ》を身につけて杖を持たせ、六文銭《ろくもんせん》や穀物などを入れた頭陀袋《ずだぶくろ》をかけるなどもしました。六文銭を持たせるのは〝あの世〟に行くときに、三途《さんず》の川にかかる橋の渡し賃が必要だと考えられたためです。

ちなみに、三途の川は冥土へ行く途中にあり、川には緩急に差のある三つの瀬があるとされています。善人は六文銭で橋を渡れますが、軽い罪人は浅瀬を、悪人は深い瀬を歩いて渡らなければならず、生前の行いしだいで渡る場所も違っていたのです。

現在の死装束は、白無垢《しろむく》や紋服、あるいは亡くなった人が愛用していた寝巻きや浴衣《ゆかた》などを着せるのが一般的です。

着替える際には、普段とは逆の合わせ方である左前に着せます。これには、〝あの世〟に行ってから生者と死者の見分けができるようにとの意味があり、非日常的な〝死の世界〟へ行くことを象徴しています。

北枕

遺体を北向きに寝かせる理由

死者が出たときに、最初に行う仏事が「枕経《まくらぎょう》」です。これは通夜の前に、菩提寺《ぼだいじ》（先祖を弔っている寺）などの僧侶を招いて読経してもらうことで、その際、死者の枕元に仮の祭壇である「枕飾り」をしつらえます。

仏式の場合は、まず遺体を北枕に寝かせ、顔に白い布をかけ、屛風《びょうぶ》があれば「逆さ屛風」といって上下逆さに立てます。

枕を北にするのは、釈迦の入滅《にゅうめつ》（死去すること）に由来するといいます。釈迦が北を頭にして死去したことから、北を向いて寝るのは、死者を意味すると考えられるようになりました。しかし、神式でも同じように北枕にしますから、必ずしも仏式だけの習慣ではありません。

また、遺体の前に屛風を逆さに立てるのは、死装束を左前にするのと同じく、非日常な〝死の世界〟へ行くことを象徴しているといいます。

枕飾りの形式は宗派によって違いますが、一般には、遺体の枕元に白布でおおった小机を置き、その上に花かシキミの枝を差した一輪ざし、一本線香、一本ロウソクなどを並べます。シキミは毒草で邪悪なものを退《しりぞ》けるといわれており、死者を邪霊から守るために使われます。また、一輪、一本と「一」にこだわるのは、「二度とあってほしくない」という意味が込められているといいます。

さらにここに、故人が生前使っていた茶碗にご飯を山盛りにし、箸を突き立てて供えることもあります。これを「仏前飯」「一膳飯」などといって、極楽浄土に旅立つ前に、死者が腹ごしらえをするためのものです。

なお、枕飾りは、通夜の前の納棺時まで、そのまま飾っておくのが一般的です。

通夜……夜通し起きて遺体を見守るものだった

かつての通夜では、遺体を納棺せずにふとんに寝かせたまま、遺族や近親者たちがロウソクと線香の火を絶やさないようにして、遺体とともに一夜を明かすのが習わしでした。そのため「通夜」といい、また「夜伽《よとぎ》」とも呼ばれました。

これは、夜になって邪霊が侵入するのを防ぐとともに、昔は野生動物も多かったので、遺体が襲われるのを防ぐためでもあったといいます。

最近の通夜は、事前に納棺した遺体を、祭壇に安置するのが一般的です。また、半通夜といって、夕刻から数時間ほど行われる場合が多くなっています。地域によっては、最初の夜は近親者のみで行う仮通夜と、二日目に行う本通夜というように、通夜が二日にわたるところもあります。

なお、納棺するときは、棺のなかに故人が生前愛用していたものや手紙などを添えてあげます。

通夜では、参列してくれた人たちに対して、「通夜ぶるまい」といって酒食が用意される場合もあります。これは清めの塩と同じように、「酒は死のケガレを清める」という意味があるので、形だけでも口にしてから辞去するのが礼儀です。

葬式……葬儀と告別式とは本来、違うもの

葬式とは、死去から埋葬までに行うすべての儀式を指すもので、昔は葬式組といって、村に葬式があった際、中心になって取り仕切る隣近所の人たちの組織ができていました。

現在でも、町内会などが中心になって葬式を取り仕切る地域もあります。

一般的には、通夜の翌日の日中に、葬儀と告別式を行います。最近は、葬儀と告別式が同義に使われることが多くなっていますが、本来、葬儀とは死者を弔うための儀式で、故人との別れの儀式である告別式とは別のものでした。

葬儀では僧侶が中心となり、お経を読み、焼香をして、故人が成仏して〝あの世〟に行けるように祈ります。この儀式には、原則として、喪主をはじめ遺族や親族などの近親者と、生前、故人ととくに親しかった人だけが参列します。

これに対して、一般の参葬者は告別式だけに参列し、焼香をして、故人と最後の別れをします。

焼香……何回行うのが正式か

葬儀や告別式の際に行う焼香は、霊前を清め、香を死者に手向《たむ》ける儀礼であり、香炉で抹香《まっこう》を焚いたり、線香をともしたりします。

昔は現在と違って、遺体を二、三日安置させておくドライアイス処理などがなかったので、遺体が腐敗していくことをおそれ、抹香を焚いて臭い消しにしたともいわれます。

抹香や線香は、シキミの葉から作られました。毒草であるシキミは、邪悪なものを退けてくれると信じられていたようで、この香を焚くという習慣は、中国から伝わったといいます。

仏式の葬式では、焼香順位が厳格に決められていて、故人ともっとも近い家族が焼香を行い、続いて親戚縁者、知人・友人などの順で行います。

抹香焼香の場合は、抹香を右手の親指、人指し指、中指でつまみ、軽くいただいて（目の高さまで上げて）から、香炉の火の上にまくように落とします。宗派によって若干異なり、例えば、浄土真宗では香は押しいただかず、そのまま香炉に落とすのが正式とされています。

また、焼香の回数も宗派によって異なりますが、一般的には「仏・法・僧」に献じるという意味で、三回を基本とします。ただし、とくに定めはないので、一回でも二回でもよいことになっています。

霊前に抹香と線香の両方が用意されている場合には、読経の間は抹香を焚き、それ以外は線香を焚くのが一般的です。

戒名……仏教国のなかでも、日本だけの風習だった

枕飾りがすんで、納棺する前に「戒名《かいみょう》」がつけられます。戒名に対して、生前の名前は「俗名」です。

仏教では、入門して修行を重ね、「三帰戒《さんきかい》」という僧侶の階層に入れてもらえることを「受戒」といい、このときに、僧名に当たる戒名が与えられます。しかし、生前に三帰戒を受ける人はきわめてまれなので、一般人の場合は死去したときに、特例として僧侶に与えられる戒名がつけられ、〝あの世〟に送られるのです。

この戒名は、生前の名前から一字を入れてつけるのが習わしで、宗派によって異なりますが、「○○居士《こじ》」「○○大姉《だいし》」などとなります。子どもの場合は「○○童子」「○○童女」、さらに幼い子どもの場合は「○○孩子《がいし》（孩児）」「○○孩女《がいにょ》」などの戒名がつけられます。

また、宗派によっては戒名とはいわず、「法名」「法号」「法諱《ほうき》」などと呼びます。

戒名は、いくつかの格に分けられていて、昔は寺への寄進度や信仰心の厚さ、さらに生前の地位や身分などによって異なりました。

現在でも、差しだす金額の多少によって格付けが異なることもあって、その扱いに対して一部、批判もあります。また、この戒名の習慣は、広く仏教国のなかでも、日本にしかない独特のものです。

ちなみに、神式の場合は「諡《おくりな》」といい、生前の名前の次に、男性ならば「翁《おきな》」、女性ならば「媼《おうな》」などとつけ、諡のあとに「命《みこと》」をつけます。

位牌……死者の霊と対面するための仏具

故人の戒名を記したものを「位牌《いはい》」といい、遺族がお盆や彼岸、命日、あるいは朝晩の供養などの際に、死者の霊と対面するための仏具です。

葬式の際に用意するのは、白木に戒名を墨書した簡単なものですが、四十九日の法要、または一周忌や三周忌までには、漆塗りや金箔塗りなどの「本位牌」に替えるのが一般的です。

位牌には、自宅の仏壇に安置して毎日対面し、お盆になると盆棚に移して供養するもののほかに、菩提寺に預けておいて、お盆や彼岸になると遺族たちが寺を訪れて供養してもらう「寺位牌《てらいはい》」と呼ばれるものもあります。

位牌は、鎌倉時代に禅僧が中国から日本に伝えたもので、室町時代には武家社会で霊代《たましろ》（霊のよるところのもの）として祀られ、位牌が一般庶民に普及したのは江戸時代からといわれます。

地域によっては、本家に位牌を安置するほかに、分家のために位牌を作って供養する「位牌分け」も行われています。

ちなみに神式の場合、位牌に当たるのが、「霊璽《れいじ》」、あるいは「御霊代《みたましろ》」と呼ばれるものです。

お布施　本来のお布施の意味は？

一般的に「布施《ふせ》」とは、葬式や法事などを行った際に、僧侶に差し出す心付けを指しますが、四国巡礼や秩父巡礼などに代表されるように、地域の人たちが巡礼者に与える金品も「布施」といいます。

もともとは、仏や僧侶、さらには貧しい人に対して衣食などを与えることが布施で、仏教修行において、欲望や自我を捨てることの実践が布施でした。

布施という言葉の語源は、サンスクリット語の「ダーナ（檀那）」で、「清浄な心で、人に法を説いたり、物品を与えるなど、施《ほどこ》しをする」という意味です。

葬式や法事でのお布施は、昔は各家の経済状況などに応じて金額を決められました。現在は、読経料や戒名料などに相場に近い料金体系があって、本来の心付けとはかなり違うものになっているようです。

出棺
別れ花を行い、小石で棺の蓋を打ちつける

昔は、出棺前に参会者一同が会食する習慣があって、これを「出立《いでた》ちの飯」「出立ち膳」などといいました。この会食が終わると、夜を待って、遺体を埋葬場や火葬場まで大勢の人たちが列を作って見送る「野辺《のべ》送り」が行われました。

現在は告別式が終わると、棺を霊柩車に乗せる前に、遺族や近親者たちが故人と最後のお別れの対面をします。その際、祭壇に供えられていた生花を、遺体の周りに敷きつめますが、これを「別れ花」といいます。

そして、棺の蓋《ふた》に釘を打ちつける「釘打ち」の儀式を行います。釘打ちは喪主から始めて遺族・近親者の順に行い、手にした小石で軽く二回ずつ打ちつけます。

このとき小石を使うのは、金槌などを霊が嫌うためとも、この小石が三途の川の石を表し、この川を無事渡れるようにとの願いが込められているともいわれます。

出棺の際は、故人と親しかった人たちが棺を担ぎ、霊柩車に足のほうから入れます。火葬場に向かう車が出るときは、会葬者一同、合掌して見送ります。

香典……お金を入れるのに、なぜこう呼ぶのか

通夜や告別式に参列する際、遺族に贈る金銭や物品などを「香典」といい、「香奠」とも書きます。「香」は「お香」、「奠」は「供える」という意味です。

仏事では、もともと花や供物とともにお香を供える習慣がありました。そのため、通夜や告別式にもお香を持参して行ったのですが、時代とともに葬儀には多額の費用がかかるようになったことから、現金を包むようになっていきました。

昔から「慶事には少なく、弔事には多く」といわれるように、香典の場合は多めの額を

包むのが原則ですが、「故人が目上のときは薄く、目下のときは厚く」とも「故人が一家の長やその伴侶のときは多めに、子どもや老人のときは少なめに」ともいわれます。

一般的に香典の表書きは、葬式の際は「御香典」「御香料」「御霊前」などと薄墨《うすずみ》で書き、回忌の法事の際には「御仏前」と書くのが慣例です（132ページ参照）。

香典を贈られた遺族は、忌明けのあいさつ状とともに、香典返しの品物を送るのが一般的です。お返しの金額は、俗に「半返し」とか「三分の一返し」というように、贈られた香典の半分、あるいは三分の一程度が目安です。このときの品物は、悲しみをひきずらないようにという意味で、あとに残らないお茶や海苔などがよく使われます。

忌中と忌明け

忌中、喪中はそれぞれ何日ずつ？

死者が出た家族は一定期間、喪服を着て日常とは異なった生活をするのが習わしでした。それを「喪に服する」（または「忌《い》みに入る」）といい、喪の期間中は社交的な行事に加わらず、門松や餅つきなど正月の行事もすべてやめて、ひたすら喪に服しました。とくに忌明けまでは、生臭物と呼ばれる魚や肉などをいっさい口にせず、外出も控えました。

そうした服喪の期間は、明治時代の服忌令《ぶっきりょう》によって、父母が死亡したときの喪日は五十日、服日は十三か月、夫が死亡したときの喪日は三十日、服日は十三か月など、死者との関係性によって細かく定められました。服忌令の効力はその後、失われていきましたが、その習わしは受け継がれています。

現在の服喪の期間は、一般的には「忌中《きちゅう》」は四十九日までで、翌日が「忌明《きあ》け」となり、「喪中《もちゅう》」は死後一年で、その後が「喪明《もあ》け」となります。

ただし現在では、喪服を着て過ごしたり、社交行事を断ったりといった習わしのほとんどが失われており、翌年の正月を前にして年賀欠礼の通知を出す程度になっています。

また、仏教の多くの宗派では、死後四十九日間は、死者の霊がたどり着くところが決まっていないということで、残された者たちがねんごろに供養しなければならないとされており、四十九日までの間の七日目ごとに忌日が設けられています。

そのため、かつては七日目に初七日《しょなぬか/しょなのか》、十四日目に二七日《ふたなぬか/ふたなのか》、さらに二十一日目、二十八日目などに、死者の追善のために、僧侶を招いて読経・供養の法要（法事ともいう）をしていました。

現在は地域によって異なりますが、初七日、三十五日目の五七日《いつなぬか/いつなのか》、四十九日目の七七日《なななぬか/なななのか》

などに法要を行うなど、簡略化されてきています。

精進落とし……………………………………………………喪中の間、魚や肉を絶つ理由

四十九日間で忌中が終わると、五十日目からは平常の生活に戻りますが、これを「忌明《きあ》け」といって「精進《しょうじん》落とし」をしました。もともと仏教では、修行に努めることを「精進する」といいました。この修行期間中は、身心を清らかに保つために、行動や飲食を慎み、魚や肉などの生臭物をいっさい断って、ひたすら菜食のみを摂りました。そして、この精進の期間が過ぎて、普通の日常生活に戻ることが「精進落とし」でした。

この考え方が、葬送などの習慣として一般にも広がり、喪の期間は生臭物をいっさい控え、喪が明けると、その区切りとして魚や肉、酒を口にするようになりました。

現在では、初七日の法要後に精進落としをするようになりましたが、初七日の法要を繰り上げて、葬儀当日に行うことも多くなっています。そのため、火葬場から戻ったあと、僧侶を招き、近親者で宴席を設けて酒肴のもてなしをすることが普通になりました。

このときに魚や肉などの料理も出るので、これがいわば精進落としとなっています。

年忌法要

何年間、法要を行うのか

死後、満一年を経た一周忌の祥月《しょうつき》（死亡した月のこと）命日に、法要を営み、死者の冥福を祈ります。周忌は回忌ともいい、このように、毎年回ってくる忌日の法要を「年忌《ねんき》」、あるいは「遠忌《おんき》法要」といいます。

一周忌の次は三回忌ですが、ここからは死去した年も年数に入れ、三回忌を一周忌の翌年に行います。その後、七回忌、十三回忌、十七回忌、二十三回忌、二十七回忌、三十三回忌、三十七回忌と、三と七がつく年の年忌が続き、あとは五十回忌、百回忌となります。

時代によっては一年だけで終わったり、あるいは三年だったりしましたが、鎌倉時代から室町時代ごろには、三十三回忌に永代供養をし、あとの法要は打ち切ったといいます。

また、三回忌、七回忌などの年忌のときに、墓石を建てる宗派もあります。

これが神道では、一年祭、五年祭、十年祭、二十年祭、三十年祭、四十年祭、五十年祭、百年祭と続きます。神道には、年数を重ねるほど、死者の霊魂はだんだんケガレが薄まって、祖先の霊に近づいていくという考え方があるようです。

第九章

縁起のしきたり

商売人に限らず、日本人は縁起にこだわってきました。

それは、いまでも〝縁起を担ぐ〟〝縁起が悪い〟などの言葉が使われることからも明らかでしょう。

縁起は、信仰に関連するものから、伝説に端を発したもの、過去に起きた出来事に関連したものなど、じつに多様です。

しかし、古くから伝わる縁起は、庶民の経験則や生活の知恵から生まれたもので、あながち迷信・俗信とは言い切れないものも少なくありません。

大安・仏滅

本来は戦いの吉凶を決めるものだった

現在でも冠婚葬祭などの日取りを決めるときに、「結婚式は大安の日に挙げよう」とか、「葬式は友引の日を避けて」などという話をよく聞きます。

ここで使われている「大安」「友引」などは、古代中国の「六曜《ろくよう》」という暦の考え方にもとづいたもので、三国志で有名な諸葛孔明《しょかつこうめい》が、戦いの際、吉凶の日を知るのに利用したことに端を発しているといわれます。

この六曜が日本に伝わり、江戸時代の半ばから急速に広まっていきました。

現在使われている六曜のそれぞれの日には、次のような意味があります。

・先勝《せんしょう／せんかち》　午前が吉、午後は凶。早くことをすませたほうがよい日。
・友引《ともびき》　正午のみが凶。「友を引く」から、慶事はよいが、葬式などの弔事は避ける日。
・先負《せんぶ／さきまけ》　午前が凶、午後が吉。急用を避け、平静に過ごすとよい日。
・仏滅《ぶつめつ》　一日じゅう最凶。とくに婚礼などの慶事を避けるとされる。弔事はかまわない。

・大安《たいあん》　一日じゅう大吉。大安吉日といい、婚礼、建築の上棟式などがよく行われる。

・赤口《しゃっこう／しゃっく》　昼だけが吉。朝・夕は凶。災いに出合いやすい日。

本来は中国で、戦いや争いごとの吉凶の日を占うものでしたが、しだいに日本では日常生活全般に用いられるようになっていきました。

なかでも「友引」は、もともと「争いごとで、ともに引き分けて勝負なし」の意味でしたが、その文字の連想から「友を引く」との意味に取られ、葬儀などの弔事が避けられるようになりました。

明治時代になって新暦が採用されると、六曜による吉凶の載った暦注《れきちゅう》（暦に注記したもの）は禁止されました。しかし、長い習慣として六曜が日本人の生活に影響を与えていたため、いまでも暦注が使われているカレンダーや手帳などが多くあります。

おみくじ……………………これで、田に水を引く順番を決めていた

いまでも神社にお参りをしたあとに、おみくじを引いて吉か凶かを占うという風習がありますが、これは江戸時代ごろから始まりました。

おみくじは「御籤」または「御神籤」と書くように、くじを引くことによって神意をうかがうという行為は、古くから行われていました。「籤《くじ》」とは竹の棒のことです。

鎌倉時代には、農村で用水を田んぼに引く順番を決めるときや、一部の地域で「切り替え畑」と呼ばれる畑の割り当てを決めるときなど、また漁村で漁場の割り当てを決めるときなど、話し合いがつかない際に、くじで決めていたということです。神主がお祓いをしてからくじを引きました。

昔から「神仏の配慮は公平」と信じられ、また「偶然は公平」という考えもあって、おみくじを利用するのは、地域共同体を円滑にまとめる手段でもあったのです。

室町時代になると、足利幕府六代の将軍を決めるときに、守護大名たちの意見が割れて一致しなかったため、石清水《いわしみず》八幡宮の神前で、おみくじによって決めたという記録が残っ

ています。このときに決まった将軍が足利義教です。

ちなみに、物事を決する際に、おみくじのほかに「あみだくじ」が使われることもあります。これは室町時代から行われており、現在は、はしご状の線を書きますが、もともとは紙の上に放射状に線を書いて、くじとしていました。それが、阿弥陀仏の光背《こうはい》に似ていることから、「あみだくじ」と呼ぶようになったとのことです。

神輿
なぜ、地域を担いで回るのか

お祭りになると、揃いの法被《はっぴ》にねじり鉢巻きというういでたちの男女が、神輿《みこし》を担いで威勢よく町内を練り回る姿を見かけます。まさに、日本独特の風物詩です。

神輿とは、もともとは氏神の神霊を乗せた輿《こし》、つまり神霊の乗物のことです。祭りになると、神霊を神輿に乗せて、氏子の住んでいる地域を巡行したので、氏子たちはわざわざ神社に出かけなくても、自宅近くで神詣《かみもうで》ができました。

本来は、神霊を担いで静かに回るのが習わしで、神社によっては担ぎ手の神官たちの息が神輿にかからないようにと、口に紙をくわえて担いだとさえ伝えられています。

ところが、江戸時代以降になると、各地にさまざまな神輿スタイルが生まれました。わざと神輿を揺さぶったり、神輿同士をぶつけあったり、海や川に担ぎ入れるといった、まさに神霊も驚くような担ぎ方が現れています。

縁日……どんな〝縁〟のことなのか

だれでも幼いころに、金魚すくいや綿飴《わたあめ》などを買って遊んだ、懐かしい縁日の思い出があるでしょう。

そもそも縁日とは、文字通り神や仏に「縁のある日」という意味で、多くの神社やお寺には、それぞれ縁が深いとされる特定の日がありました。そして、この日に参詣すると特別な功徳《くどく》やご利益《りやく》があるということで、江戸時代の中ごろから多くの人々が社寺を訪れて、賑わうようになったのです。

その特定の日が決まった背景には、例えば八日と十二日の薬師如来、十八日の観音菩薩、二十四日の地蔵菩薩など数字によるものや、寅《とら》の日の毘沙門天《びしゃもんてん》、午《うま》の日の稲荷、庚申《かのえさる》の日の帝釈天《たいしゃくてん》など、干支《えと》によるものがあります。

とくに数字による縁日は、ほとんどが八日から二十四日までに集中しており、これは月の満ち欠けが影響していて、明るい月夜の日を選んでいるといわれます。また、干支による縁日の場合には、関わりのある動物も信仰の対象となります。

やがて、そうした縁日に訪れる参詣者たちを目当てに商人たちの市が立つようになり、さらに屋台や夜店、見世物小屋なども出て、それらも「縁日」と呼ぶようになりました。縁日の参詣が庶民の信仰を集めるとともに、縁日の屋台は一種の娯楽・遊興センターとして、経済活動の中心地ともなっていったのです。それが門前市へと発展していったものもあります。

厄年……女三十三歳、男四十二歳が大厄のワケ

厄年《やくどし》というのは、災難や不幸に出合うことが多いとされる男女の年齢を指します。厄年は、一般的には男子が二十五歳、四十二歳、六十一歳、女子が十九歳、三十三歳、三十七歳、六十一歳です。

とくに男の四十二歳は「死に」、女の三十三歳は「散々」に通じるということで、一生

のなかでも大厄《たいやく》とされ、その前の年を前厄《まえやく》、後の年を後厄《あとやく》として、厄年が三年間、続くとされます。

もともと厄年とは、平安時代の陰陽道《おんみょうどう》（占いにより災難を避けるという学問）の考えにもとづいて広まりました。一般的に、男女ともこれらの年齢になると、体調の点でも、また社会的役割の点でも大きな変化が起こりやすいため、この信仰がいまだに影響を与えていると考えられます。

地域によっては、干支にもとづき、十二年ごとにめぐって来る生まれ年の十三歳、二十五歳、三十七歳、四十九歳、六十一歳、七十三歳、八十五歳を厄年としているところもあります。

【厄年の一覧】

	前厄	本厄	後厄
男性	24歳	25歳	26歳
	41歳	42歳	43歳
	60歳	61歳	62歳
女性	18歳	19歳	20歳
	32歳	33歳	34歳
	36歳	37歳	38歳
	60歳	61歳	62歳

平安時代の『源氏物語』「若菜」の巻のなかに、紫上《むらさきのうえ》が三十七歳の厄年になったので身を慎むという記述があり、古くから厄年に対する意識は強かったようです。

いずれにしても、厄年に当たる年齢になった男女は、厄から逃れるために「厄払い」「厄落とし」として、神仏に祈ったり、お祓いをしてもらったり、できるだけ外出を控えたり、善根《ぜんこん》を施すようにしたりしました。

現在でも、厄年に対する信仰は根強く、神社や寺院などで、厄払いや厄除けの祈願をしている人が多くいます。

七福神

インド、中国、日本の神々の集まりだった

七福神とは、福徳をもたらすとして信仰されてきた恵比寿《えびす》、大黒天《だいこくてん》、毘沙門天《びしゃもんてん》、弁才天《べんざいてん》、福禄寿《ふくろくじゅ》、寿老人《じゅろうじん》、布袋《ほてい》の七神をいいます。

日本で古くから伝わる恵比寿神に、中国からやってきた福禄寿、寿老人、布袋、またインド発祥の大黒天、毘沙門天、弁才天の各国の神様が加わって、室町時代ごろから七福神として、庶民の間でさかんに信仰されるようになりました。

このように、各国で個別に信仰されていた神々が、七人の神にまとめられるようになったのは、中国の「竹林《ちくりん》の七賢《しちけん》」の故事にあやかっているといいます。

「竹林の七賢」とは、中国・晋《しん》の時代の末期（四世紀初めごろ）に、山陽（江蘇省《こうそ》）の竹林に個性豊かな人たちが七人集まって、酒を酌み交わしながら、自由、放達《ほうたつ》な談論にふけったという有名な故事のことです。

そのため、各国の神々が、日本で七人の福神として信仰されるようになったのですが、一時期は福禄寿と寿老人を同一神として寿老人を外し、吉祥天《きっしょうてん》や猩々《しょうじょう》を加えるなど、現在の七福神になるまでに、さまざまな入れ替えもあったようです。

室町時代以降、都市や商業が発達するとともに七福神の信仰が広まり、正月の初夢を見るために、七福神の絵を枕の下に入れて寝る風習も生まれるほど普及しました。

七福神のなかでも、とりわけ福相で、烏帽子《えぼし》をかぶり、釣り竿を担ぎ、おめでたい鯛を脇に抱えた恵比寿様は、とくに大衆の間で人気を博しました。

もともと恵比寿は、夷《えびす》（異国人）に由来するといい、日本では異国からの漂流物のなかに水死体が流れつくと、漁師たちは寄り神とか恵比寿様と呼び、大漁をもたらす神として祀ったりしたといいます。

また、商人たちが遠くの国と海洋交易をするようになると、航海の無事を祈るとともに、商売繁盛の神様として信仰するようになりました。さらに、農村でも、稲の豊作をもたらす田の神として信仰されたり、かまどの神として、かまどや台所の近辺に祀られたりするなど、広く庶民の間で信仰を集めていきました。

大黒天はインドから伝わった神様ですが、日本の神話に出てくる大国主命《おおくにぬしのみこと》と同一視され、恵比寿神と並んで信仰を集めました。それは、大黒天が、大国主命と同じように大きな袋を背負い、「大国」という名前も「だいこく」と読めることなどによります。

大黒天は、頭巾《ずきん》をかぶり、福袋を背負い、手に小槌を持って、米俵の上に座った姿で知られています。そこから、農村では穀物の神様、田の神様として、商家では商売繁盛の神様として信仰され、恵比寿と同様に、かまどや台所の近辺にも祀られました。

また、弁才天もインドから伝わった神様で、一般庶民には弁天さんで知られる女神です。琵琶《びわ》を奏でる伎楽《ぎがく》のほか、多方面の技能を持つことから「弁才天」と呼ばれましたが、江戸時代には、町人たちから蓄財の神としても信仰されたので、「弁財天」とも書かれるようになりました。

注

本文で紹介した恵比寿、大黒天、弁才天のほかは、次のような神様です。

毘沙門天

古代インド神話と仏教が融合して生まれた武神。仏教四天王の一尊で、多聞天《たもんてん》とも呼ばれ、北方を守る役割を持つ。槍を持ち、武装しているのが特徴で、戦国武将・上杉謙信はこの毘沙門天を信奉し、旗印を「毘」としていた。

福禄寿

中国生まれの神で、頭が長く、体が短いのが特徴。福（幸福）、禄（富）、寿（長寿）の三つの福徳を授ける神として信奉された。

布袋尊

中国に実在したといわれる高僧。大きなお腹と、手に持った布袋が特徴で、弥勒菩薩《みろくぼさつ》の化身といわれた。日本では招福の神として信奉された。

寿老人

中国で生まれた長寿の神。杖に巻物をつけ、鹿を連れているのが特徴。福禄寿と同一視され、七福神から外された時代もあった。

お百度参り

……古くからある願掛けの作法とは？

昔の日本人は、神仏に願い事をかなえてもらうために、寒中に滝に打たれたり、井戸水を頭からかぶる水垢離《みずごり》などの荒行をしたりしました。

そんな願掛けのなかに「お百度参り」があります。お百度参りは自分の家（あるいは社寺の門前）から、神社やお寺までの間を一日に百往復して、一回ごとに神仏を拝んで願掛けをするもの。このとき、百回という回数を確かめるために、ふところに小石などを入れて行き、拝むたびにその小石を置いて帰るということをしました。

このお百度参りとよく似た願掛けに、「百日詣《もうで》」があります。お百度参りが一日に百回行うのに対して、こちらは百日間、毎日、神仏を拝んで願を掛けました。また、「千度参り」や「千日詣」などの願掛けもありました。

いずれの場合も、区切りのよい回数や日数を決めて、それを厳守することで満願成就につながると信じられていたのです。

そして、お百度参りや千日詣の結果、願いがかなったときには、その神仏にお礼の金品などを奉納する「願果たし」や「願ほどき」などを行いました。

現在でも、お百度参りはともかく、社寺では病気快癒、商売繁盛、受験合格などといった個人的な願掛けが行われていますが、昔は個人的な願いよりも、雨乞いといった村落全体にかかわることや、戦勝祈願といった国家にかかわる願掛けが多かったようです。

ダルマ……片方ずつ目を描き入れるいわれは？

ダルマは、倒れてもすぐに起き上がることから「七転び八起きダルマ」とも呼ばれ、商売繁盛や隆運の縁起物として、神社やお寺の縁日などで売られます。とくに、歳末から三月ごろまでは全国各地でダルマ市が開かれています。

ダルマは、室町時代に作られていた起き上がり玩具がルーツですが、江戸時代になってダルマとして登場してから、急速に売れるようになりました。

ダルマは、実在した達磨《だるま》大師（円覚大師ともいう）の座禅姿がモデルです。達磨大師は、中国の嵩山《すうざん》の少林寺で、九年間も壁に向かって座禅をして悟りを開き、禅宗の始祖となったという高僧です。その姿形に似せたことから、この起き上がり玩具をとくにダルマと呼ぶようになりました。

ちなみに、現在売られているダルマは、両方の目が白いままのものがほとんどで、願を掛ける際に片方の目だけを黒くしておき、願いがかなったときに、もう一方の目を黒く塗るのが習わしです。

これは、昔、関東地方の養蚕《ようさん》農家などで、春の繭《まゆ》が良ければダルマに片目を入れておき、秋の繭も良いと、もう一方の目も入れる習慣から始まったといわれます。

また、目を入れることは「目（芽）が出る」という、めでたい語呂あわせの意味もあったということです。

招き猫……猫が商売繁盛に結びつくのはなぜか

よく飲食店や商店などで、「招き猫」の置物を見かけます。これは、商売繁盛の置物として、招き猫が金運やお客を呼び込むと考えられているためです。

この招き猫の由来については諸説があり、一般的に広まっているのは豪徳寺（東京都世田谷区）にまつわる逸話です。

ある日、彦根藩主の井伊直孝が鷹狩りの帰りに、この寺の門前まで来たときのこと。一匹の白猫が現れ、右手を上げて、しきりに寺の中に入るように招くので、直孝が誘われるように境内に馬を乗り入れた直後、激しい雷鳴とともに門前に落雷があったというのです。危うく災難を逃れることができた直孝は、その後、荒れ果てていたこの寺に莫大な寄進をし、さらに井伊家代々の菩提寺としたといいます。

なお、このとき右手を上げて直孝を招き入れた猫の墓は、現在も豪徳寺の墓地の一角に猫観音として供養されており、幸運を呼び込む招き猫伝説の元祖として、いまでも門前ではいろいろな張り子の猫が売られています。

また、招き猫には別の伝説もあります。

それは、浅草で駄菓子屋を営んでいた老婆が、あまりに流行らないので、店を閉めようかと考えていたある夜のこと。年老いた猫が夢に現れて、「こうした格好の置物を作ったら、きっと店は繁盛する」と告げ、右手を上げて人を招くようなしぐさをしました。

そこで、夢とは思いながらも、「招き猫」を作らせて店に置いたところ、飛ぶように売れて大儲けをしたというものです。そこから、招き猫が商売繁盛の縁起物になったともいわれます。

いずれにしても、昔から猫は、化け猫伝説もあるくらい、不思議な魔力を持つ動物と考えられてきました。また、かつて猫が中国の唐から渡来した際に、「猫面《おもて》を洗って耳を過ぎれば即ち客到る」との言葉も一緒に伝来したとのことで、このあたりに招き猫伝説のルーツがありそうです。

ちなみに一般的には、右手を上げている猫は金運を、左手を上げている猫はお客を呼び込むといわれています。

絵馬……祈願の板に馬が描かれている理由

社寺などの境内で見かける、馬の絵と願い事を書いた小さな板が「絵馬」です。

日本では古くから、神様が馬に乗って人間の住む俗世界に降りてきたという伝説があります。自分たちの先祖も、馬に乗って〝この世〟に帰ってくると信じられているため、お盆になると、キュウリに割り箸などを刺して、馬の形に似せた飾りを作ったりします。

すでに奈良時代の『続日本紀《しょくにほんぎ》』には、神様に生きた馬を奉納して祈願したということが書かれています。しかし、神様に生きた馬を奉納するのは、経済的負担が大き過ぎたことから、やがて馬形《うまがた》といって、土や木で作った馬を奉納するようになり、さらに板に馬の絵を描いて奉納するようになったのが、今日の絵馬の起源といわれます。

室町時代になると、馬以外の図も描かれるようになり、さらに桃山時代になると著名な画家が描いた絵馬も現れ、それらの絵馬を掲げるための絵馬堂が建てられたこともありました。

江戸時代になると、家内安全や子宝を授けてほしいといった切実な願い、商売繁盛という実利的な願いなどから絵馬を求めるようになり、民衆の間に絵馬による祈願の風習が広まっていきました。

現在では、受験生が全国にある天満宮に出かけて、合格祈願の絵馬を奉納する光景が見られます。天満宮は、学問の神様といわれる菅原道真《すがわらみちざね》を祀った神社です。

手締め……………手を叩くことに、どんな意味があるのか

無事に物事が終わったときなどに、「お手を拝借！」との掛け声に続けて、一同が「シャンシャンシャンシャン」と手締めの拍手をして解散することがあります。

また、酉《とり》の市（81ページ参照）で商売が成立したときに、売り手と買い手が手締めをしたり、年末の証券取引所の大納会でも手締めで終わるなど、いまでもあちらこちらで、手締めの光景を見かけます。

手締めは、もともとは争い事でもめた同士が和解する際に、お互いに物騒な刃物などを持っていないことを示すために、指を開いてから拍手したことに始まるという説があります。また、大相撲で土俵に上がった力士が、拍手《かしわで》を打ってから両手を左右に広げるのも、同じような意味があるともいいます。

手締めの打ち方には「一本締め」と「三本締め」があり、一本締めは「三回、三回、三回、一回」の計十回拍手をするもので、三本締めはそれを三回繰り返します。一本締めは、三本締めを省略したもの。パンッと一度だけ拍手を打つのは「一丁締《いっちょう》め」といいます。

清めの塩……塩がケガレを払うのはなぜか

日本人は古来、塩には不浄やケガレを払い、清める力があると考え、神聖な場所などに供えたり、仏事の際に「清めの塩」として用いたりしてきました。

そもそも塩は、人間が生きていくうえで欠かせないミネラルであり、昔の日本人にとって非常に貴重なものとして扱われてきました。

とくに塩には、ものが腐敗するのを防ぐ作用があり、塩に漬けることで長期の保存が可能になることから、塩に不思議な力があると考えられたのです。

ちなみに現在でも、家を建てるときの地鎮祭で土地を清めたり、大相撲で力士が土俵に塩をまいたり、お店の入口などに「盛り塩」をするといったことが行われており、塩の神通力は変わっていないようです。

鬼門……北東の方角を避ける所以

日常的に「自分にとって○○は鬼門《きもん》だ」などと表現されるように、鬼門は「苦手、敬遠する」といった意味で使われています。

もともと「鬼門」とは、中国の伝説によるもので、北東の度朔《どさく》という山に大きな桃の木があって、そこに万鬼（すべての死者の亡霊）が集まることから、鬼門と呼ぶようになったといいます。

それが日本に伝わると、平安時代中ごろから方位の吉凶を占ったり、邪気を祓ったりする陰陽道《おんみょうどう》によって、鬼門は、鬼が行き来するといわれる「北東の隅」のことを指すようになり、方角禁忌の考えが加わりました。そのため、不吉なことが起きるということで、北東の方角を避けるようになったのです。

また、鬼門に当たる北東の方角を「表鬼門」と呼び、反対の南西の方角を「裏鬼門」と呼んで、家などを建てる際にも、この表鬼門・裏鬼門の方角に、玄関、便所、風呂場などを造ることを忌み嫌いました。

こうしたことから、「鬼門除け」という対策も講じられるようになり、鬼門に当たる方角の屋根に鬼瓦《おにがわら》をつけたり、村では鬼門除けに鬼門堂を建てたりしました。

また、比叡山延暦寺は、平安京遷都の際に、鬼門の凶害を避けるために建立されたものであり、江戸幕府もこれにならって、江戸城の鬼門に当たる方角に上野の東叡山寛永寺《とうえいざんかんえいじ》を建立したということです。

おもな参考文献

『日本大百科全書』(小学館)
『平凡社大百科事典』(平凡社)
『日本史広辞典』(山川出版社)
『日本社会の歴史』上・中・下巻・網野善彦(岩波書店)
『古文書入門ハンドブック』飯倉晴武(吉川弘文館)
『民俗学がわかる事典』新谷尚紀・編著(日本実業出版社)
『日本人の葬儀』新谷尚紀(紀伊国屋書店)
『目からウロコの民俗学』橋本裕之・編著(PHP研究所)
『年中行事を「科学」する』永田久(日本経済新聞社)
『暮らしのこよみ歳時記』岡田芳朗(講談社)
『歳時の文化事典』五十嵐謙吉(八坂書房)
『人生のシキタリ一覧の本』(日本実業出版社)
『神道の世界　神社と祭り』真弓常忠(朱鷺書房)
『365日　縁起・風習読本』重金碩之(啓明書房)
『暮しに生きる　日本のしきたり』丹野顯(講談社)
『日本の風習』武光誠(青春出版社)
『日本の神々と仏』岩井宏實・監修(青春出版社)
『日本人の源流』小田静夫・監修(青春出版社)

※本書は、二〇〇三年一月に小社より刊行された『日本人のしきたり』に、新たな情報を加えて再編集した新装版です。

青春新書
INTELLIGENCE

こころ涌き立つ「知」の冒険

いまを生きる

"青春新書"は昭和三一年に——若い日に常にあなたの心の友として、その糧となり実になる多様な知恵が、生きる指標として勇気と力になり、すぐに役立つ——をモットーに創刊された。

そして昭和三八年、新しい時代の気運の中で、新書"プレイブックス"にその役目のバトンを渡した。「人生を自由自在に活動《プレイ》する」のキャッチコピーのもと——すべてのうっ積を吹きとばし、自由闊達な活動力を培養し、勇気と自信を生み出す最も楽しいシリーズ——となった。

いまや、私たちはバブル経済崩壊後の混沌とした価値観のただ中にいる。その価値観は常に未曾有の変貌を見せ、社会は少子高齢化し、地球規模の環境問題等は解決の兆しを見せない。私たちはあらゆる不安と懐疑に対峙している。

本シリーズ"青春新書インテリジェンス"はまさに、この時代の欲求によってプレイブックスから分化・刊行された。それは即ち、「心の中に自らの青春の輝きを失わない旺盛な知力、活力への欲求」に他ならない。応えるべきキャッチコピーは「こころ涌き立つ"知"の冒険」である。

予測のつかない時代にあって、一人ひとりの足元を照らし出すシリーズでありたいと願う。青春出版社は本年創業五〇周年を迎えた。これはひとえに長年に亘る多くの読者の熱いご支持の賜物である。社員一同深く感謝し、より一層世の中に希望と勇気の明るい光を放つ書籍を出版すべく、鋭意志すものである。

平成一七年

刊行者　小澤源太郎

編著者紹介
飯倉晴武〈いいくら　はるたけ〉
1933年東京生まれ。東北大学大学院修士課程（日本史専攻）修了。宮内庁書陵部図書課首席研究官、同陵墓課陵墓調査官等を歴任。93年退官後は、奥羽大学文学部教授、日本大学文理学部講師等を経て、現在は著述に専念している。シリーズ150万部を突破した『日本人 数のしきたり』『日本人 礼儀作法のしきたり』、『絵と文で味わう 日本人のしきたり』（いずれも小社刊）などの編著・監修書がある。

新装版《しんそうばん》　日本人《にほんじん》のしきたり

青春新書 INTELLIGENCE

2023年12月15日　第1刷
2023年12月16日　第2刷

編著者　飯《いい》 倉《くら》 晴《はる》 武《たけ》

発行者　小澤源太郎

責任編集　株式会社プライム涌光
電話　編集部　03(3203)2850

発行所　東京都新宿区若松町12番1号 〒162-0056　株式会社青春出版社
電話　営業部　03(3207)1916　振替番号　00190-7-98602

印刷・中央精版印刷　製本・ナショナル製本

ISBN978-4-413-04683-1